江苏高校品牌专业建设工程项目(编号:PPZY2015A063)
江苏高校优势学科建设工程资助项目
教育部人文社会研究一般项目(编号:18YJCZH183)
江苏省社会科学基金项目(编号:20YSB016)

历史脉络视角下大运河遗产整体性价值评价

王燕燕 著

东南大学出版社
·南京·

图书在版编目(CIP)数据

历史脉络视角下大运河遗产整体性价值评价 / 王燕燕著. — 南京：东南大学出版社，2023.3

ISBN 978-7-5641-9899-2

Ⅰ. ①历… Ⅱ. ①王… Ⅲ. ①大运河－文化遗产－研究－中国 Ⅳ. ①K928.42

中国版本图书馆 CIP 数据核字（2021）第 258697 号

责任编辑：朱震霞　　责任校对：张万莹　　封面设计：顾晓阳　　责任印制：周荣虎

历史脉络视角下大运河遗产整体性价值评价

著　　者	王燕燕
出版发行	东南大学出版社
社　　址	南京市四牌楼2号　邮编：210096　电话：025-83793330
网　　址	http://www.seupress.com
电子邮箱	press@seupress.com
经　　销	全国各地新华书店
印　　刷	广东虎彩云印刷有限公司
开　　本	700 mm×1100 mm　1/16
印　　张	8.75
字　　数	210 千
版　　次	2023 年 3 月第 1 版
印　　次	2023 年 3 月第 1 次印刷
书　　号	ISBN 978-7-5641-9899-2
定　　价	42.00 元

本社图书若有印装质量问题，请直接与营销部调换。电话（传真）：025-83791830

前　言

中国大运河作为世界上唯一一个为了确保粮食运输安全以达到稳定政权、维持国家统一，由国家开凿、政府管理的巨大工程体系，体现了以农业立国的集权国家高度建制化下独有的漕运文化传统，展现了农业文明时期人工运河发展阶段的悠久历史，代表了工业革命前土木工程的杰出成就，是中国智慧的结晶，也是中国贡献给世界的一份宝贵遗产。

在大运河的后申遗时代，如何科学地保护、利用并传承运河及运河文化是当下国人面临的棘手问题。纵观世界范围内尤其是欧美国家对于遗产保护的先驱实践和理论成果，价值或价值观一直是遗产保护的焦点所在。基于价值认知的遗产整体性保护思路，值得借鉴。

目前，我国大运河遗产保护工作并没有完整的价值评估程序，这容易使得相关的保护、利用缺乏焦点；价值认知模糊还会导致保护工作中信息遴选不明确、遗产特征整体把握不足等问题。

因此，本研究试图通过对大运河遗产价值的多元化认知，系统探索大运河遗产构成、价值评价的方法与体系，为大运河遗产的保护、规划和管理提供一定的依据，也为大运河遗产的价值评估方法提出一己之见，以此抛砖引玉，供学界及相关领域参考。

2022.9

目 录

第一章 中国大运河遗产构成及遗产价值研究综述 ………………………… 001
  1.1 资料数据源选择 ………………………………………………………… 002
  1.2 结果分析 ………………………………………………………………… 002
    1.2.1 大运河遗产价值研究时间分布特征 …………………………… 002
    1.2.2 大运河遗产构成及遗产价值研究成果阶段性特征 …………… 004
    1.2.3 大运河遗产构成及遗产价值之研究机构分析 ………………… 005
    1.2.4 大运河遗产价值及遗产构成的研究内容及方向 ……………… 006
  1.3 国外运河遗产构成及遗产价值研究概况与启示 ……………………… 011
  1.4 总结与分析 ……………………………………………………………… 011

第二章 美国遗产保护中的"历史脉络"概念对我国大运河遗产整体性价值研究的启示 ………………………………………………………………… 015
  2.1 "历史脉络"概念的缘起 ………………………………………………… 015
  2.2 "历史脉络"的概念与内涵 ……………………………………………… 016
  2.3 "历史脉络"的应用及工作流程 ………………………………………… 017
    2.3.1 建立"历史脉络" ………………………………………………… 018
    2.3.2 确定遗产类型及资源认定 ……………………………………… 019
    2.3.3 基于"历史脉络"的遗产资源价值评价 ………………………… 019
  2.4 他山之石可以攻玉 ……………………………………………………… 020
  2.5 小结 ……………………………………………………………………… 021

第三章 中国大运河历史脉络 ……………………………………………… 023
  3.1 大运河建设背景之中华文明结构特征分析 …………………………… 024
    3.1.1 我国丰富的自然地理特征 ……………………………………… 024

　　　　3.1.2　丰富的自然地貌带来生产方式的多样化 ………………… 024
　　　　3.1.3　多元一体的中华文化 …………………………………… 025
　　　　3.1.4　基于农业经济的中央集权政治 ………………………… 026
　　　　3.1.5　中央集权下的经济政策 ………………………………… 027
　　3.2　中国大运河的历史演变 ……………………………………………… 028
　　　　3.2.1　时期划分 ………………………………………………… 028
　　　　3.2.2　不同历史时期大运河的演变 …………………………… 030
　　3.3　中国大运河历史脉络的建构 ………………………………………… 035
　　　　3.3.1　历史脉络的属性特点 …………………………………… 035
　　　　3.3.2　主要历史脉络 …………………………………………… 035
　　　　3.3.3　历史脉络的内涵阐述 …………………………………… 036

第四章　历史脉络视角的大运河遗产构成 ……………………………………… 048
　　4.1　由历史脉络推衍遗产类型 …………………………………………… 048
　　4.2　由遗产类型归纳遗产类别 …………………………………………… 054

第五章　历史脉络视角的大运河遗产价值评价方法探索 …………………… 056
　　5.1　文化遗产价值概述 …………………………………………………… 056
　　5.2　国内相关文件对遗产及其价值的表述 ……………………………… 056
　　5.3　大运河价值评价的理论与现实意义 ………………………………… 061
　　5.4　价值评价整体思路 …………………………………………………… 062
　　5.5　决策方法的选取 ……………………………………………………… 063
　　　　5.5.1　层次分析法的原理与特点 ……………………………… 063
　　　　5.5.2　德尔菲法 ………………………………………………… 068
　　　　5.5.3　合理性与可行性分析 …………………………………… 068
　　5.6　指标体系的构建 ……………………………………………………… 068
　　　　5.6.1　评价指标体系的总体框架 ……………………………… 069
　　　　5.6.2　评价指标体系的内涵与细化 …………………………… 069
　　　　5.6.3　指标权重的量化 ………………………………………… 075
　　　　5.6.4　评价体系的生成 ………………………………………… 077

目 录

第六章　大运河苏南段遗产资源现状调研与统计 …………………… 079
 6.1　大运河苏南段区位及概况 …………………………………… 079
 6.2　大运河苏南段的历史沿革及特征分析 ……………………… 079
 6.3　大运河苏南段文化遗产资源调研与统计 …………………… 084
  6.3.1　水利工程遗产资源调研统计 ………………………… 085
  6.3.2　聚落遗产资源调研统计 ……………………………… 099
  6.3.3　其他物质文化遗产资源调研统计 …………………… 102
  6.3.4　生态与景观环境遗产资源调研 ……………………… 104
  6.3.5　非物质文化遗产资源调研统计 ……………………… 104
  6.3.6　大运河苏南段遗产资源特征分析 …………………… 105

第七章　历史脉络视角的大运河苏南段遗产价值评价实例研究 …… 114
 7.1　大运河苏南段文化遗产历史脉络归属研判 ………………… 114
 7.2　各脉络下遗产价值评价计分 ………………………………… 115
 7.3　大运河苏南段文化遗产价值评价结果 ……………………… 116
 7.4　大运河苏南段遗产资源价值评价结果分析 ………………… 116
  7.4.1　遗产资源综合分值分析 ……………………………… 116
  7.4.2　遗产资源分布城市分析 ……………………………… 119
  7.4.3　遗产资源分布年代分析 ……………………………… 119
  7.4.4　遗产资源类型分析 …………………………………… 120

第八章　总结 ……………………………………………………………… 122

附录1　大运河物质文化遗产价值评价体系问卷（第一轮） ………… 124
附录2　大运河物质文化遗产价值评价体系问卷（第二轮） ………… 127

后记 ……………………………………………………………………… 130

第一章
中国大运河遗产构成及遗产价值研究综述

作为世界文化遗产的中国大运河(The Grand Canal of China),始建于春秋时期,由隋唐大运河、京杭大运河、浙东运河三大部分组成,全长2 700千米(含遗产河道1 011千米),跨越8个省、直辖市,27座城市,包含27段河道和58个遗产点。中国大运河被国际工业遗产保护委员会在《国际运河古迹名录》中列为最具影响力的水道。2014年6月中国大运河被列入《世界文化遗产名录》(*The World Heritage List*)。

中国大运河是中国历史上由国家开凿、政府管理的巨大水利工程体系,它体现了以农业立国的集权国家高度建制化下独有的漕运文化传统,是中国智慧的结晶,也是中国贡献给世界的一份宝贵的遗产。

2017年2月,习近平总书记视察大运河时强调,保护大运河是运河沿线所有地区的共同责任。同年6月4日,习近平总书记又专门就大运河文化带建设作出重要批示。作为后申遗时代的大运河,其保护与发展将面临前所未有的机遇与挑战。大运河是具有超广时空尺度的连续性工程,体现了千百年来人类与自然相互交融的结果,且至今仍生生不息,对于这样一条巨型活态遗产的保护工作,在我国文化遗产保护工作中是相当棘手的问题。

目前,大运河沿线各城市正如火如荼地展开有关大运河文化带建设的理论和实证研究,各地发布的课题指南中不乏有关大运河保护与开发建设的相关课题。然而笔者在查阅大运河相关研究成果及规划编制中发现,对于大运河的遗产构成和遗产价值这样的基本问题在学界仍存在很大争议,这也是导致大运河保护工程缺乏焦点和立足点的关键问题。

在国际遗产保护领域,价值议题早已成为遗产保护工作的核心。澳大利亚《巴拉宪章》(1999)、美国国家公园管理局以及许多政府与非政府部门都实施以价值为导向的遗产保护方法。该方法旨在使价值在保护决策中发挥积极作用,并希望通过价值使遗产保护与其他领域和社会整体有更多的互动。对大运河遗产价值的认定既是遗产保护的基础性工作,也是实行有效保护的重要前提和依据。笔者梳理了国内学界对于大运河文化遗产构成及价值研究文献,为该领域的进一步研究提供参考。

1.1 资料数据源选择

本研究以中国期刊网全文数据库(CNKI)中的中国学术期刊网络出版总库(CAJD)、中国博士学位论文全文数据库、中国优秀硕士学位论文全文数据库收录的相关期刊论文为研究数据来源。首先,将检索选项设为"篇名",检索词为"大运河",选择"并含",检索词为"价值";然后检索选项仍为"篇名",检索词为"大运河",选择"并含",检索词为"遗产构成",时间不限,共得出搜索结果59篇,其中期刊论文37篇,学位论文11篇,国际会议3篇,中国会议2篇,报纸文章6篇(图1-1)。

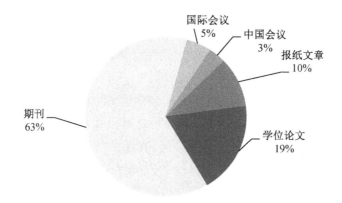

图1-1 检索所得文献类型组成统计图

1.2 结果分析

1.2.1 大运河遗产价值研究时间分布特征

在CNKI中,以篇名"大运河""并含""价值"和"遗产构成"进行检索,得出研究成果数量的时间分布规律(见图1-2)。资料显示,有关大运河遗产价值及遗产构成的理论研究成果始于20世纪90年代，自1992年至2006年的15年时间内涉及大运河遗产价值研究的文献总共2篇。可见在20世纪末至21世纪初，大运河遗产构成及价值的研究很少受到学者的关注。

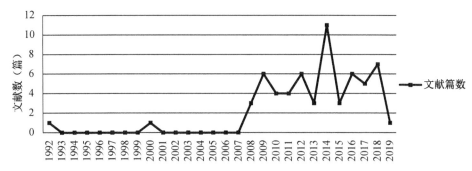

图1-2　通过CNKI搜索篇名"大运河""并含""价值"和"遗产构成"的文章数量时间分布图(1992.1—2019.1)

(作者自绘)

2008年是一个拐点，2008年当年出现了3篇关于大运河遗产价值研究的文献，2008年之后有关大运河遗产价值及遗产构成的研究成果逐年增加，并在2014年达到阶段性高峰，2014年当年发表的文献数量是11篇，2014年以后相关研究成果维持在每年5篇左右的状态。

由大运河遗产价值研究的时间分布规律可以看出，大运河遗产价值研究具有明显的时间性特征。考虑到论文发表的时间滞后性，笔者分析2008年陆续出现大运河遗产价值的相关研究，其背景是2006年国家做出了大运河申遗的决定，中国大运河申遗经过了自2006年至2014年8年的准备，笔者整理了与其相关的具体事件(表1-1)。

在这样的举国自上而下积极筹备大运河申遗的大环境下，2008年至2014年针对大运河遗产价值研究的文献数量激增，并在2014年达到阶段性高峰。2014年6月22日，中国大运河项目在第38届世界遗产大会上被宣布成功入选《世界文化遗产名录》(*The World Heritage List*)，成为中国第46个世界遗产项目。申遗成功的大运河面临着后申遗时代的保护及规划管理的一系列问题，2014年之后有关大运河遗产价值的研究势头稍有下降，但也呈现比较理性的趋势。

表 1-1　2006—2014 年度我国筹备大运河申遗重要事件及期间
发表大运河遗产价值及遗产构成的文章数量

日期	大运河积极申遗相关重要事件	当年发表大运河遗产价值及遗产构成的文章数量(篇)
2006 年 3 月	全国政协十届四次会议,58 位政协委员联名呼吁从战略高度拯救保护京杭大运河,并建议申报世界遗产项目	0
2006 年 6 月	国务院将京杭大运河(春秋至清)整体公布为第六批全国重点文物保护单位	
2006 年 12 月	国家文物局将大运河列入《中国世界文化遗产预备名单》	
2007 年 6 月	京杭大运河被扩充为"中国大运河"进行申遗	0
2007 年 9 月	"大运河联合申遗办公室"在扬州挂牌	
2008 年 3 月	大运河保护与申遗第一次工作会议在扬州召开,决定以城市联盟的形式联合申报世界文化遗产	3
2009 年 4 月	大运河保护和申遗省部级会商小组成立(由全国 8 省 13 个部委联合组成),并建立省部协商机制	6
2010 年 9 月	国家文化遗产研究院在中国城市规划设计院、中国水利水电研究院、东南大学等科研单位的协助下完成《大运河遗产保护总体规划》	4
2011 年 3 月	公布大运河申遗预备名单	4
2012 年 9 月	世界运河名城博览会暨世界运河大会上,中国大运河沿线 8 省 35 个城市共同签署《大运河遗产联合保护协定》	6
2013 年 1 月	中国文化遗产研究院完成大运河最终申报文本;国家文物局正式确定了首批申遗点段	
2013 年 6 月	大运河遗产本体保护、环境整治、水资源保护和生态治理工程初步完成;大运河遗产监测系统建立,大运河遗产点段的展示工程建设完成	3
2013 年 9 月	联合国教科文组织世界遗产中心的国际专家正式完成对中国大运河全线 132 个遗产点和 43 段河道的现场评估	
2014 年 6 月	第 38 届世界遗产大会上,中国大运河项目成功入选《世界文化遗产名录》(*The World Heritage List*)	11

1.2.2　大运河遗产构成及遗产价值研究成果阶段性特征

除了时间特征外,通过梳理大运河遗产价值及构成研究相关文章,笔者发现研究内容呈现明显的阶段性特征。

随着我国文化遗产保护事业的发展,20世纪末,尤其是进入21世纪之后,我国文化遗产保护研究不断深入和丰富,一些新型文化遗产的保护理论逐渐进入视野。自2006年开始,中国国家文物局每年主办一次文化遗产保护论坛,先后对工业遗产、乡土建筑、20世纪遗产、文化景观、文化线路、运河遗产等主题进行探讨。从文献研究的内容分析也可以看出,2008年之前的2篇有关大运河价值研究的文章中,一篇是张照东的《清代大运河的经济价值与环境制约》,通过史料研究阐述了清代大运河在航运、灌溉、南北物资运输、商业贸易和城镇发展等方面的价值[1],另一篇是剑声的《淮北隋唐大运河考古发现及其意义和价值》[2]。这两篇文章主要是基于文献研究或田野调查阐述大运河遗产某些方面的价值,并没有涉及大运河整体价值体系的探讨。由此可见,2008年之前学界对大运河遗产价值并没有深入的探究,还停留在初步认知和缺乏理论的阶段。

自从2006年大运河走进国家战略意义的申遗进程,我国学者开始积极探索大运河的研究理论和方法,通过加强与国际文化遗产保护领域的沟通和交流学习,国内逐步展开有关大运河遗产价值的相关研究。不少学者基于大运河申遗,依据联合国教科文组织颁布的《保护世界文化和自然遗产公约》以及《世界遗产名录》的申遗标准——OUV(Outstanding Universal Value,突出普遍价值),对大运河遗产的OUV进行详细剖析[3-7],也有部分学者就申遗背景下大运河局部河段的特定遗产类型进行了价值探讨[8-9]。2008年《ICOMOS文化线路宪章》问世,文化线路受到国际遗产学界的广泛关注,我国学者也纷纷从文化线路的视角探讨大运河遗产价值[10-11],也有学者从其他视角如制度、发生学等对大运河遗产的价值体系提出探讨[12-13]。

2014年之后,大运河进入后申遗时代,对于大运河遗产价值研究的成果数量稍有降低,但研究的深度和广度有了一定的突破,学者们跳出了申遗的普世价值的标准,结合大运河的本土国情探索有关价值研究的理论和方法。部分学者就申遗后大运河面临的机遇与挑战,从价值研究的基础层面进行了客观深入的分析,其中大部分研究针对某一遗产类型或局部河段展开[14-16],仍有学者从文化线路的视角探讨大运河遗产价值[16],这些研究成果为大运河遗产价值的系统研究做了重要铺垫。

1.2.3 大运河遗产构成及遗产价值之研究机构分析

笔者对发表文章的相关机构进行了分析,发现机构主要为运河沿线的省市,如北京市、山东省、江苏省及浙江省等,且成果主要出自运河途经地区的各大高校和文化遗产及水利等研究机构,如中国文化遗产研究院、中国水利水电科学研究院、江苏社会科学院历史研究所、东南大学、徐州师范大学、浙江大学、清华大学及扬州大学等,其中发表文章数量最多的是东南大学,一共有6篇。东南大学建筑学院一直协助中国文化遗产研究院参与编制《大运河遗产保护规划编制纲要》,因此,相关研究成果颇多。

另外,成果中受国家及地方各研究基金资助的课题较多,其中受国家社会科学基金资助的4篇,受国家自然科学基金资助的2篇,受国家科技支撑计划资助的3篇,受浙江省教委科研基金资助的1篇,受江苏省青蓝工程基金资助的1篇,可见,国家及地方层面对大运河展开科学研究的支持力度较大,而对于大运河遗产价值及遗产构成的基础研究是很难回避的关键问题。

1.2.4 大运河遗产价值及遗产构成的研究内容及方向

考虑到学术价值及深度,研究只针对期刊论文、会议论文及学位论文进行总体梳理和归纳。据笔者统计,目前大运河遗产构成研究成果7篇,大运河遗产价值研究成果46篇,但这个数据是基于篇名检索,文章的研究内容不少会有交叉涉及。

1. 有关大运河遗产构成

大运河开凿历史悠久,遗产种类异常丰富,且由于尺度巨大,存在地域性差异,造成学者对大运河的遗产构成及遗产分类存在争议和分歧。笔者整理了有关大运河遗产构成的文献,分类方法大致可分为三类(图1-3)。

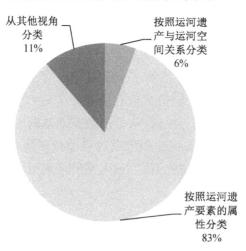

图1-3 大运河遗产构成研究内容分布图

(1) 按照运河遗产与运河空间关系进行分类

此分类方法按照遗产与运河关系的亲疏,从空间分布的角度进行划分。王健将运河文化遗产的空间分布划分为核心区、重点区和影响辐射区三个层次,各类遗产依据所处位置划分为核心遗产、关联遗产和影响遗产[17]。这种分类方法比较明了,但是弊端很明显,即会导致大运河文化遗产范围不明确,容易将一些空间位置相关但主题无关联的遗产纳入大运河遗产要素范畴。

(2) 按照运河遗产要素的属性进行分类

目前学界颇为认可且应用广泛的是依据遗产的属性划分大运河遗产构成。而对于大运河遗产的基本属性,不同观点主要可分为以下几类。

① 从水利工程体系视角界定大运河遗产

谭徐明等[18]、吴晓等[8]、王建波等[19]等立足于大运河的水利工程体系,认为大运河遗产的核心构成是水利工程体系,包括运河水利、水运的工程技术和管理设施等。他们对水利工程遗产的分类不尽相同,但研究遗产构成的着重点在于水利工程遗产。这是比较早期的有关文化遗产构成的研究。

② 从大运河水利工程体系延伸到景观环境界定大运河遗产

此界定方法与国际古迹遗址《西安宣言》(2005)强调古建筑、古遗址和历史区域周边环境的理念一脉相承。蒋奕分析大运河苏州段文化遗产构成包括水利工程及相关文化遗产、聚落遗产、其他物质文化遗产以及生态与景观环境四大类[20]。

③ 从大运河物质文化遗产和非物质文化遗产的角度界定

此界定承袭了2008年在加拿大召开的国际古迹遗址理事会第16届大会上通过的《文化线路宪章》认为"文化线路包括自然要素、物质要素和非物质要素"的重要论断。国家文物局《大运河遗产第二阶段保护规划编制要求》中对"大运河遗产及其背景环境构成"的阐述是"如水利水运工程遗产,运河城镇,运河村落,其他相关历史遗存,非物质文化遗产"。单霁翔认为大运河遗产分为三个层次,分别是运河河道及其附属设施(第一层次);与大运河相关的遗迹,包括因运河而生的城镇、建筑等(第二层次);大运河周边环境景观及非物质文化遗产(第三层次)[21]。

不少学者对大运河物质文化遗产的分类略有不同,傅峥嵘[22]、周文竹等[4]、高婉斐[23]、李静兰[24]、郭文娟[25]、陈腾等[26]、屠一帆[27]从运河河道本体及水利工程遗产、运河聚落遗产、其他与运河历史相关的物质文化遗产(包括古建筑、古寺庙、石刻等)、大运河的生态和景观以及非物质文化遗产五个方面分析了大运河无锡段、嘉兴段、隋唐大运河开封段、隋唐大运河郑州段、大运河济宁段、大运河北京段、大运河浙东段等的遗产构成。张廷皓[28]、张茜[29]、王修全[30]认为大运河的遗产构成主要包括：a. 运河河道本体、水源、水利航运工程设施等；b. 沿运河且依附运河而生、发展起来的人类生活环境；c. 其他与运河历史相关的物质文化遗产；d. 大运河的生态和景观环境，以及与大运河相关的非物质文化遗产。康敬亭将京杭大运河（无锡段）文化遗产构成分为物质文化遗产和非物质文化遗产，并将物质文化遗产分为大运河遗产、宗教遗产、祠堂建筑遗产、民居建筑遗产、教育遗产、历史园林遗产和工业遗产等[31]。霍艳虹以"文化基因"的视角，将京杭大运河水文化遗产分为物质和非物质文化遗产两大主类，其中物质文化遗产分为运河水利工程设施遗址、古迹建筑、古墓葬、古迹遗址、文物古迹、近现代重要史迹六个亚类，非物质文化遗产分为传统戏剧、传统技艺、民间文学、传统杂技武术与曲艺、传统工艺美术、传统音乐与舞蹈、民俗与歌谣、地名学遗产八个亚类，每个亚类下又有详细基本类型[32]。

（3）从其他视角对大运河遗产进行分类

俞孔坚等从发生学视角梳理了大运河遗产在农业时代、工业时代及后工业时代的历史变迁中构成要素的功能及相互关系，并按照功能相关、历史相关和空间相关三种类型划分大运河遗产[13]。汤晔峥分析了大运河遗产的制度特性，并认为制度遗存应作为大运河遗产的核心构成要素，而不是水利工程的附属设施[12]。陈秋静从文化线路的角度认为明清沧州文化线路的构成为承载水路运输的河道线路、村落与城镇分布的空间线路、文化遗产遗迹分布的遗产线路[33]。

总体来说，随着国际上有关文化遗产内涵和外延的拓展以及相关宪章文件的出台，我国学界及政府部门对大运河遗产构成的认知也是不断拓展的过程。从早期的核心遗产是水利工程遗产，对其他遗产类型认识模糊，逐步拓展到包含大运河生态自然环境和非物质文化遗产。这体现了我国对大尺度跨区域遗产类型的研究和认知与国际接轨的转变，而从目前相关研究成果和编制看，大运河遗产构成的研究已逐步趋于统一，即大运河遗产构成主要包括物质文化遗产和非物质文化遗产，而物质文化遗产包括运河河道本体及水利工程遗产、运河聚落遗产、其他与运河历史相关的物质文化遗产（包括古建筑、古寺庙、石刻等）。

2. 关于大运河遗产价值构成研究

大运河遗产价值研究较之于遗产构成研究，思路较为发散，由于研究的切入点及视角的不同，研究成果也大相径庭。笔者梳理了大运河遗产价值的研究成果，主要包括四个方面：（1）从申遗的视角进行价值探讨；（2）从文化线路的视角进行探讨；（3）在我国《文物保护法》对文化遗产普遍价值阐述的基础上进行拓展和延伸;(4)针对大运河特定河段或遗产类型或价值类型进行研究(图1-4)。

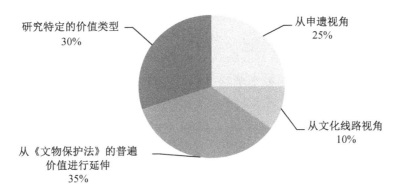

图1-4 大运河遗产价值研究内容分布

(作者自绘)

(1) 基于申遗背景,根据联合国教科文组织依据《保护世界文化和自然遗产公约》所制定的世界遗产的评定标准,对大运河遗产价值进行解读。张笑楠以大运河为例研究了突出普遍价值(OUV)评估与遗产构成分析方法[3];王元等从中国大运河历史演进的角度探讨了大运河遗产突出的普遍价值[5];姜师立等[7]、刘庆余[6]基于大运河申遗视角探讨了大运河的遗产特征和价值。周文竹等鉴于《实施保护世界文化与自然遗产公约的操作指南》以及《运河遗产古迹清单》提出运河综合价值,并以无锡段为例从航运视角对大运河(无锡段)在技术、经济、社会、景观等方面表现的综合价值进行剖析[4]。

(2) 从文化线路(线性遗产)的角度分析大运河的遗产构成及价值。陈秋静从文化线路的角度分析明清沧州运河具有的遗产价值[33];郑菲菲建议按照大卫·索罗斯比(David Throsby)"文化经济理论"提出的历史价值、审美价值、精神价值、社会价值、象征价值和真实价值对运河遗产进行细分,但没有提出具体的价值体系和评估体系[34]。

(3) 在我国《文物保护法》对文化遗产普遍价值阐述的基础上进行拓展和延伸。《中国文物古迹保护准则》(以下简称《中国准则》)(2000)提出文化遗产的价值包括历史价值、科学价值、艺术价值;修订后的《中国准则》(2008)在强调文物的历史价值、科学价值和艺术价值的基础上进一步提出了社会价值和文化价值。针对中国大运河遗产的特殊性,不少学者在《中国准则》(2008)的基础上进一步做了延伸。

康敬亭提出大运河无锡段文化遗产的价值表现为历史、艺术、科学、精神价值和使用价值五个方面[31]。郭文娟认为大运河济宁段文化遗产的价值主要表现为历史价值、经济价值、科学价值、艺术价值和生态价值等[25]。蒋奕从遗产价值、保存现状、保护现状、利用展示现状和管理现状等方面对运河遗产进行评估，但并未提出具体的评价体系及方法[20]。张茜阐述了大运河具有重要文化与技术价值、作为南水北调理想输水路线价值、作为区域生态基础设施的重要价值、作为南北重要休闲游憩廊道的价值，以及作为运输物资、北煤南运的航运价值[29]。王修全从技术价值、社会价值、经济价值以及文化功能方面阐述了大运河遗产具有的价值[30]。屠一帆分析了大运河浙东段的价值为历史价值、科学价值、美学价值和社会价值[27]。

（4）就特定河段或遗产类型或价值类型，进行价值评估的理论或实证研究。如汤晔峥分析制度之下运河的价值体系[12]；魏羽力等探讨了大运河扬州段聚落遗产的价值及要素识别[9]；吴晓等对大运河常州段河道进行评估分级和价值判定[8]；蒋楠对扬州段产业经济类遗产价值做了定性研究[16]；屠一帆对大运河浙东段遗产的旅游价值进行了评价[27]。周文竹等从航运视角思考大运河文化遗产的综合价值为：作为水利工程体系的技术价值、促进城市经济繁荣的经济价值、维系国家稳定和政治统一的社会价值以及具有丰富生态资源的景观价值[4]。

大运河的遗产价值评价，国内已有不少学者做出了积极有益的探索，总体来说笔者总结了以下一些问题：

（1）以申遗为背景的大运河价值研究，导向性较强。由于文化遗产的突出普遍价值评估和遗产构成的确定是申报世界文化遗产的基本和核心工作，因此申遗背景下的大运河遗产研究多以《世界遗产公约》为标准，对其突出普遍价值进行解读，研究以定性为主，为中国大运河的申遗提供理论支持。然而中国大运河的遗产价值丰富，除了以申遗为导向的突出普遍价值，大运河还承载着民族的、地方的其他价值，因此，这部分研究有一定的局限性，难以全面系统地概括大运河的遗产价值。

（2）价值判研尚缺乏理论体系支撑。我国目前尚未出台法律层面的大尺度文化遗产的价值评价方法和体系，因此，对于大尺度、跨区域的文化遗产的价值评价，当前学界还处于摸索阶段，部分学者沿用我国《文物保护法》的制式提法或以此为基础做延伸，如就遗产类型（聚落遗产、经济产业类遗产、河道遗产等）或价值类型（旅游价值等）等做了评估方法的探索，但缺乏系统性的全面的研究，且缺乏理论体系的支撑，主观性较强。这客观上导致大运河的价值判研缺乏统一标准。

(3) 大运河体量巨大,内容庞杂,其演变与发展涉及制度、经济、社会、文化等诸多方面,关系千头万绪,且至今生生不息,为活态遗产。这客观上导致了大运河研究的难度和复杂性。因此大部分研究选择特定的遗产类型或局部河段展开,难以对大运河做出一个全面且整体性价值的体系架构。大运河流域面积广阔,沿岸风土民情各异,地域多样性鲜明,单就局部河段的研究难以涵盖全域。跨时空、跨区域、跨学科的综合性特点使得大运河遗产的价值研究极具挑战。

1.3 国外运河遗产构成及遗产价值研究概况与启示

笔者查阅了国外运河遗产的相关研究,欧美国家对运河遗产的资源登录和价值研究依不同的国情而不同,但相对有自己的方法或理论体系。加拿大里多运河是2007年登录《世界文化遗产名录》的,根据《里多运河世界遗产管理规划》(2005)和《里多运河加拿大国家历史遗址管理规划》(2005)对于运河价值点的论述,里多运河的价值呈现是一个具有层级关系的价值系统:第一级是世界遗产(OUV),第二级是加拿大国家历史遗址一级文化资源,第三级是加拿大国家历史遗址二级文化资源。其价值层面涉及技术、历史、经济、社会、景观、生态等诸多方面。美国的遗产保护工作主要由美国内政部国家公园管理局(NPS)主管负责。早在20世纪60年代NPS研发出基于Historic Context(历史脉络)的方法对遗产资源进行遗产分类与价值判别,并指导保护实践。该方法应用于多条运河遗产,如 The Chenango Canal(希南戈运河)、The Soule Canal(索尔运河)等,通过对运河遗产 Historic Context 的呈现,从而引出遗产分类,并进一步判研遗产价值,该方法以 Historic Context 为平台,基于文化主题、地理和时间范围组织而成一个框架,描述遗产主体的重要发展历程,以此作为遗产资源认定、价值评估、遗产资源登录和干预处理的决策基地。笔者认为此方法为我国如大运河一类的大尺度跨区域的大型遗产的保护研究提供了方法论的参考,非常值得借鉴。

1.4 总结与分析

就目前学界对于大运河遗产构成及遗产价值研究的现状而言,总体来说,已有一定的学术成果,但还处于探索阶段,尤其是大运河遗产价值的研究,不同的研究立场与视角,学界各持己见,缺乏可操作性的理论体系的支撑。

联合国教科文组织《保护世界文化和自然遗产公约》《行动指南》把大运河文化遗产特点归结为"它代表了人类的迁徙和流动,代表了多维度的商品、思想、知识和价值的互惠和持续不断的交流,并代表了因此产生的文化在时间和空间上的交流与相互滋养"。因此,大运河是一部中国历史的活化石,如何厘清它的遗产构成及遗产价值,是世界文化遗产大运河研究的基础性和根本性问题,也是后续遗产保护及规划措施的重要依据。

笔者认为,对于中国大运河遗产构成及遗产价值的研究是进行大运河文化带建设及实施保护策略的先驱课题,亟待在学术研究及实践层面有所突破,建议加强对欧美等国家以及相关组织与机构(如美国盖蒂保护所等)对于跨区域、大尺度、活态遗产的保护方法及实际项目的研究,结合中国大运河的实际情况,探索大运河的遗产构成及遗产价值研究的系统性方法和实施方案。

参考文献:

[1] 张照东. 清代大运河的经济价值与环境制约[J]. 东岳论丛,1992(2):86-89.

[2] 剑声. 淮北隋唐大运河考古发现及其意义和价值[J]. 淮北煤炭师范学院学报,2000(3):53-55.

[3] 张笑楠. 突出普遍价值评估与遗产构成分析方法研究——以大运河为例[J]. 文物保护与考古科学,2009,21(2):1-8.

[4] 周文竹,阳建强,汤晔峥. 从航运视角思考大运河文化遗产的综合价值保护——以无锡段为例[J]. 建筑与文化,2009(11):90-92.

[5] 王元,艾冬梅. 从中国大运河历史看大运河遗产突出的普遍价值[J]. 中国名城,2010(9):47-51.

[6] 刘庆余. 中国大运河的遗产特征与价值研究——基于运河"申遗"视角[A]// Information Engineering Research Institute,USA. Proceedings of 2012 2nd International Conference on Social Sciences and Society(ICSSS 2012)Volume 8. Information Engineering Research Institute,USA:Information Engineering Research Institute,2012:6.

[7] 姜师立,张益. 基于突出普遍价值的大运河文化遗产保护和利用[J]. 中国名城,2014(4):50-57.

[8] 吴晓,王艳红,高军军,等. 大运河申遗背景下河道类遗产保护的价值判研初

探——以大运河(常州段)为例[J].现代城市研究,2011(9):46-55.

[9] 魏羽力,许昊.大运河聚落的遗产要素与价值评估——以扬州段为例[J].建筑与文化,2010(8):94-97.

[10] 陈怡.大运河作为文化线路的认识与分析[J].东南文化,2010,213(1):13-17.

[11] 阮仪三.价值评估、文化线路和大运河保护[J].中国名城,2008,1(38):38-43.

[12] 汤晔峥.论大运河遗产价值的制度特性[J].中国名城,2010(8):50-58.

[13] 俞孔坚,奚雪松.发生学视角下的大运河遗产廊道构成[J].地理科学进展,2010(8):975-986.

[14] 姜师立.大运河活态遗产保护与利用探析[J].中国名城,2016(9):59-65.

[15] 宋桂杰.基于层次-聚类分析的水工设施遗存综合评价[J].扬州大学学报(自然科学版),2016,19(3):63-67.

[16] 蒋楠.基于文化线路内涵的大运河扬州段产业经济类遗产认定与评估[J].建筑与文化,2017(10):218-220.

[17] 王健.大运河文化遗产的分层保护与发展[J].淮阴工学院学报,2008(02):1-6.

[18] 谭徐明,于冰,王英华,等.京杭大运河遗产的特性与核心构成[J].水利学报,2009(10):1219-1226.

[19] 王建波,阮仪三.作为文化线路的京杭大运河水路遗产体系研究[J].中国名城,2010(9):42-46.

[20] 蒋奕.京杭大运河物质文化遗产保护规划研究——以苏州段为例[D].苏州:苏州科技大学,2010.

[21] 单霁翔."活态遗产":大运河保护创新论[J].中国名城,2008(2):4-6.

[22] 傅峥嵘.京杭大运河(嘉兴段)遗产构成与价值研究[D].杭州:浙江大学,2009.

[23] 高婉斐.隋唐大运河开封段遗产保护与展示研究[D].西安:西安建筑科技大学,2010.

[24] 李静兰.隋唐大运河郑州段历史价值及遗产廊道构建研究[D].郑州:郑州大学,2012.

[25] 郭文娟.京杭大运河济宁段文化遗产构成和保护研究[D].济南:山东大学,2014.

[26] 陈腾,王晶.北京段大运河现存体系遗产构成特征分析及影响初探[J].博物院,2017(4):6-17.

[27] 屠一帆.线性文化遗产构成及其旅游价值评价研究[D].上海:上海师范大学,2016.

[28] 张廷皓.珍视中国大运河遗产的丰富价值[N].新华日报,2017-08-30(013).

[29] 张茜.南水北调工程影响下京杭大运河文化景观遗产保护策略研究[D].天津：天津大学,2014.

[30] 王修全.隋唐大运河商丘段的遗产构成与价值分析[D].郑州:郑州大学,2011.

[31] 康敬亭.京杭大运河(无锡城区段)文化遗产构成与价值研究[D].济南:山东大学,2014.

[32] 霍艳虹.基于文化视角的京杭大运河水文化遗产保护研究[D].天津:天津大学,2017.

[33] 陈秋静.从文化线路的角度看明清大运河的演变与价值研究[D].北京:北京理工大学,2015.

[34] 郑菲菲.运河文化遗产价值评估和保护利用——以大运河江苏段为例[J].旅游纵览(下半月),2017(10):172-173.

第二章

美国遗产保护中的"历史脉络"概念对我国大运河遗产整体性价值研究的启示

大运河体现了以农业立国的集权国家高度建制化下独有的漕运文化传统，展现了农业文明时期人工运河发展的悠久历史，代表了工业革命前土木工程的杰出成就，是中国智慧的结晶，也是中国贡献给世界的一份宝贵遗产。

在目前我国遗产法律框架下，对于如何实施遗产价值的评估还有待建立评估的方法学。尤其针对大运河"巨尺度"且"活态"这样的遗产，目前尚没有完善的价值评估程序，其遗产认定也未形成共识，这使得大运河遗产相关的保护、利用缺乏焦点，也是导致大运河遗产保护面临困境的重要原因。

同时，中国大运河"活态"遗产具有高度的复杂性与动态性，重货运输、水资源调配、水利设施建设、沿岸土地开发等方面的管理涉及多级、多个利益相关者，通过对大运河遗产价值的多元化认知，整合价值视野，使不同领域的人士藉以价值平台沟通对话，为大运河遗产的跨学科研究提供整合平台。

2.1 "历史脉络"概念的缘起

美国是世界上最早实行遗产保护的国家之一，尤其对大尺度自然与文化遗产的保护。早在二十世纪七八十年代，美国已提出国家遗产区域（National Heritage Area）的构想。1984年8月24日，里根总统签署法令在伊利诺伊州构建了第一条国家遗产区域——伊利诺伊与密歇根运河国家遗产廊道（Illinois and Michigan Canal National Heritage Corridor）。国家遗产廊道（National Heritage Corridor）项目的实施，旨在整合资源，对大尺度的遗产进行统一的规划管理。

同时，美国也是世界上少数具有综合性文化遗产保护法律措施的国家之一。

美国最主要的文化遗产保护联邦法令为《国家历史保存法》(The National Historic Preservation Act, 1966, 简称 NHPA), 文化遗产保护工作由其内政部国家公园管理局(The National Park Service, 简称 NPS)主管负责。NHPA 授权 NPS 负责公私有历史资产的登录, 建立国家史迹名录(National Register of Historic Places, NRHP), 同时责成联邦机构以中央性的体系运作。

健全的文化遗产保护制度, 使得美国遗产保护项目形成了一个复杂的规划与经济活动体系。其法规确保了文化遗产保护优先的原则, 一切规划措施及工程项目必须建立在文化遗产的整体保护之上, 在这样的保护程序中涵盖了严格的遗产价值评估举措, 而"历史脉络"(Historic Context)的概念即是在保护规划中贯穿始终的关键概念。

"Historic Context"最初源于西方的文学领域, 可译作"历史语境", 强调从历史语境中去欣赏或评估文学作品。自 18 世纪以来, 它一直是历史及文学、艺术研究的基础。19 世纪末, 美国国家公园管理局(NPS)为了更好地整合联邦层级的文化遗产资源, 以及主持保护规划, 引进"Historic Context"概念, 发展出了一套完善的文化遗产资源认定及价值评估的方法。

2.2 "历史脉络"的概念与内涵

所谓"历史脉络", 即搜集彼此有关联性的遗产呈现的历史、建筑、考古、工程和文化方面的信息, 基于文化主题、地理、时间范围组织而成的一个框架。通过历史脉络为遗产分类、评估和保护规划提供基本信息。这是一种整体认知观的体现, 因为以历史脉络来组织保护规划不仅限于保护遗产本身, 更是为了确保遗产呈现的历史得以保护[1-2]。

一般来说, 建立的历史脉络信息包括: ①重要的主题; ②地理位置信息; ③年代信息; ④历史或远古的发展潮流和模式; ⑤个体或团体; ⑥艺术、建筑、工程和风景园林; ⑦考古信息等。一份历史脉络报告中通常不止一条脉络, 而是由多个不同主题的脉络综合起来, 使其尽可能涵盖更多的遗产类型, 体现一个大尺度的历史地段或文化遗产区域的整体历史或是地方志, 尽可能确保遗产呈现的历史得以整体保存。

本文采取定性、定量相结合的研究方法。定量研究侧重于文献资料的统计分析, 基于 CNKI(中国知网)远程数据库, 将文献发表年度、机构、获得资助等信息输入 Excel, 从而分析数据信息的统计学特点。定性分析侧重于文献研究内容的总结归纳及纵横向比较。

2.3 "历史脉络"的应用及工作流程

历史脉络属于理论建构，由历史脉络划分遗产类型，进而认定遗产资源。在遗产资源认定环节，即使缺乏某个个别遗产的完整信息，仍然可以实施认定、评估和干预处理的措施。

NPS 行使职能的法律依据为《第 28 号局长令：文化资源管理》和配套的《文化资源管理指南》(CRM Guidelines)，执行评估主要是根据内政部颁布的《考古与历史保存标准和指南》(Standards and Guidelines for Archaeology and Historic Preservation，由 NHPA 的 101 和 110 相关条款授权实施)，它是美国文化遗产保护工作中除了相关法律文件外最重要的指导性文件，该文件目的在于给考古与遗产保存活动提供技术支持，内容包括遗产的保护规划、认定、价值评估、登录与记录建档方面的标准、指南和技术信息（表 2-1）。

表 2-1 美国内政部《考古与历史保存标准和指南》关于保护规划、认定和价值评估的标准和指南

类别	保护规划	认定	价值评估
标准	建立历史脉络	根据决策的需要而实施	重要性评估采用已有的标准
	使用历史脉络发展认定、价值评估、登录、干预处理的目标和优先性	其结果被整合于保存规划过程中	基于历史脉络应用重要性评估标准
	其结果能为更大的规划过程所用	保留清晰的信息记录和程序	遗产资源价值评估结果引导登录和干预处理的优先性
指南	管理规划过程	指导在规划中的优先级	价值评估过程
	发展历史脉络	执行认定	评估标准
	为历史脉络发展目标	整合认定结果	基于历史脉络应用评估标准
	整合个别历史脉络	报告认定结果	遗产名录
	与管理框架协调配合	技术信息来源推荐	技术信息来源推荐
	技术信息来源推荐		

由表2-1可见,保护规划的第一项标准即是否"建立历史脉络",无论是区域性的遗产整体资源调查,或是单项遗产的评估,都要求将历史脉络贯穿其中,为保护规划的各阶段提供基本信息[3]。

与此同时,美国国家公园管理局在进行遗产保护规划相关工作时,基于"历史脉络"概念发展出了美国遗产保护领域的重要方法学基础——MPS(Multiple Property Submission,多重资产呈现)方法,即以历史脉络为主要构成要素,通过一种精简的方式组织遗产信息与遗产价值评估,并使价值评估结果延续和落实到保护规划决策中(图2-1)。该方法是用于推动由于主题的关联性而同时列入NRHP的资产的记录建档,并进而按照一定的评估标准,为遗产进行价值评估(图2-2)。

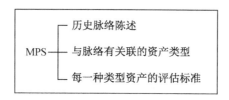

图2-1　MPS（多重资产呈现）方法的构成要素

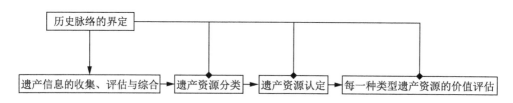

图2-2　基于历史脉络的遗产资源价值评价程序

2.3.1　建立"历史脉络"

根据美国内政部颁发的《考古与历史保存标准和指南》,历史脉络提供了关于那些历史发展变迁中的遗产信息。历史脉络是遗产资源认定、评估、登记和决策处理的基础。

当地方、团体、组织或者个人想要为某项遗产申请国家史迹名录时,需要提交一份文件——《多重遗产文件》(*Multiple Property Documentation Form*,简称MPDF)[3],这份文件主要记录历史脉络及与其相关联的遗产类型,其中"历史脉络"包含脉络的陈述、历史背景、脉络的定义、对于主题或区域发展的重要性、相关的遗产类型和特点及完整性、与国家史迹名录的关系等要素,由此为评估一组遗产资源提供主题框架。文件中首先确立一个或多个历史脉络,并确保这些脉络能够体现该类遗产的重要性,每一条历史脉络都要有明确的主题、界定区域范围,并划定时间范围。具体 MPDF 包含遗产项目、相关联的历史脉络、相关证明、历史脉络陈述报告、相关遗产类型、地理位置、遗产认定和评估方法总结、参考文献等条目。

2.3.2 确定遗产类型及资源认定

在建立好历史脉络后,需要与遗产类型联结,并梳理出所有与之相关的遗产。通过文献研究和调查活动收集遗产并记录信息。美国国家史迹名录将遗产分为建筑(buildings)、地点(sites)、街区(districts)、结构(structures)和物件(objects)五大类。

2.3.3 基于"历史脉络"的遗产资源价值评价

在完成遗产资源认定之后,进入正式的价值评估阶段。在美国,联邦、州和地方层级的机构在建立遗产名录时普遍采用美国遗产保护制度 NRHP 所指定的标准。此外,遗产资源必须基于已建立的历史脉络,遵循"历史脉络"界定的遗产表现形式。

《考古与历史保存标准和指南》在"价值评估"方面,并没有设立一套制式程序,但就评价标准的内容及所需信息作了基本界定,信息可分为三个内容:① 相关历史脉络的描述;② 在历史脉络中对该遗产和其重要意义的描述;③ 对呈现历史脉络必须具备的遗产完整性的分析。可见,在遗产价值评估阶段,必须先完成历史脉络及遗产类型的确定[3]。

价值评估的首要步骤是考量如何将评估标准与特定的历史脉络相结合,通常是根据脉络中区域发展历程、事件、人物和文化价值,包括判定遗产类型可能符合的标准,以及评估遗产的完整性。遗产的"类型"与"完整性"是价值评估的两大重点。通常价值评估的过程按如下步骤进行:

1) 确认某遗产从何视角(主题、地理位置、年代)去评估重要性;
2) 确定脉络主题在地方、州、联邦中的重要性;
3) 确定遗产类型以及其在历史脉络中的重要性;
4) 确定遗产是如何通过具体的历史关联来体现历史脉络;
5) 确定遗产需要具备什么形象特点才能反映出历史脉络的重要性。

在确定以上所需内容后,国家公园管理局会正式受理并审查所提交文件,并根据国家史迹名录中的联邦标准(Federal Criteria)(表 2-4)进行审核,同样,也可按照州及城市的标准(State & Citywide Criteria)申请州级、郡县级的遗产名录。

表 2-4 美国国家史迹名录登录标准

标准	备注
标准 A(Criteria A)	与那些对于我们历史上产生重大影响的事件相关
标准 B(Criteria B)	与那些在过去对于我们非常重要的人物相关
标准 C(Criteria C)	体现了某历史时期或类型的独特施工方法,或是某位大师的作品,或具有很高的艺术价值,或代表重要的艺术价值可分辨的实体
标准 D(Criteria D)	能够产生或可能产生关于历史或史前史的重要信息

从上述评估标准和考虑因素看,标准的实际操作弹性很大,可见美国在文化遗产保护领域采取的策略是尽可能考虑保护的灵活性。这四个重要性指标也反映出美国文化遗产价值评估所强调的历史脉络、完整性和遗产类型等概念。

2.4 他山之石可以攻玉

美国与中国国情不同,文化遗产保护的法律体系及社会环境差异很大,但是美国对于大尺度文化遗产的保护已形成行之有效的程序和方法,而我国在面对大尺度跨区域遗产保护的问题方面还处于摸索阶段,亟须借鉴成熟先进的理念及方法。

中国大运河自问鼎世界文化遗产名录以来,其保护与规划一直备受瞩目。虽然以《世界遗产公约实施操作指南》[4]中的 OUV 标准,以及《国际运河遗产名录》[5]中提出的运河遗产的重要性及其价值,中国大运河从工程技术价值和文化交流价值去阐述其"普世"价值。但是,中国大运河除了"普世"的技术价值之外,它有显著的制度特性[6]。中国大运河遗产与其他运河的不同之处,在于它是高度建制化的工程,集中体现了中华文明结构的全部特征。大运河的基本功能是经济功能,运作方式是建制调控。为了维护河道的贯通,全国每年投入运河工程的维护、修治耗资巨大。1905年,漕运总督被废后,航运功能便不能全线贯通,所能运输的河段多为自然或早期河道。可见,制度保障了工程的存在,继而工程技术满足了制度的需求。可以说,大运河是制度文明下卓越的技术工程。从文明结构的角度提炼大运河的历史脉络,可以将大运河所涉及的社会、经济、文化等方面纳入同一系统,从而整体切入大运河遗产的价值体系。

美国文化遗产保护中的"历史脉络"概念,其核心价值在于强调整体性,不只是基于遗产资源本身,而是聚焦于遗产区域的历史脉络,如此,可使遗产保护工作不拘泥于遗产单体,而可以用关联性和比较的原则来初步整合重要的背景信息。将历史脉络贯穿于整个保护规划的程序,也使价值评估能更具体地在历史脉络的基础上应用于实际评估工作。相比之下,我国的文物古迹保护准则虽有类似的程序,但尚未有方法学组织起保护规划的各个环节,也使得各阶段工作容易失之关联。若能借鉴历史脉络的概念及做法,有效组织保护规划、遗产分类、遗产认定及价值评估各阶段的信息,由点串线,由线到面,对于大运河类大尺度文化遗产将更能做到全面整体的保护。

2.5 小结

2000年美国盖蒂保护所(GCI)开展洛杉矶历史资源调查评估项目(LAHRS),对洛杉矶进行全面的城市历史资源调查、价值评估和记录建档,其研究采取的资源调查及评估方法是MPS。为推广研究成果,GCI于2008年出版《洛杉矶历史资源调查研究报告》,并于2015年推出洛杉矶历史资源库(Historic places LA),为洛杉矶遗产资源保护与规划提供重要依据和平台[7]。

2000年,我国出台的《中国准则》(2000)由中国国家文物局邀请美国盖蒂保护所(GCI)和澳大利亚遗产委员会合作编制。2010国家文物局在美国盖蒂保护所和国际专家的协助下对《中国准则》进行修订,于2015年正式公布新版《准则》[8]。可以看到,《中国准则》(2015)充分吸纳了国内外文化遗产保护理论研究成果和实践经验,且一些步骤中的内容与盖蒂保护所提倡的遗产保护理念有高度的共通性。

《中华人民共和国文物保护法》(以下简称《文物保护法》)[9]在程序上从第一步骤的"调查"开始收集信息,而不同于美国《考古与历史保存标准和指南》的做法——在保护规划调研的阶段即建立历史脉络,并将历史脉络用于遗产的认定和价值评估。因此,呼应于《文物保护法》的体系框架,《准则》(2015)在保护程序中并没有看到把历史脉络用于价值评估的方法学设计。但MPS方法提供了一种组织和呈现信息的方式,是美国基于大量实践经验而形成的方法论基础,其对于实施一个地理区域范围内的整体保护规划具有独特的视角,对于我国大尺度系列遗产的资源认定和价值评级以及整体保护具有重要的借鉴意义。

参考文献:

[1] 黄明玉. 文化遗产的价值评估及记录建档[D]. 上海:复旦大学,2009.

[2] 黄明玉. 历史脉络概念:美国文化遗产价值评估之方法学基础[J]. 中国文物科学研究,2014(4):41-45.

[3] NPS. Baseline information on the national heritage areas[EB/OL]. (2008-11-03)[2020-03-03]. http://www.cr.nps.gov/heritageareas/REP/research.htm.

[4] ICOMOS. International Canal Monument list[R]. the International Council on Monuments and Sites,1996.

[5] UNESCO. Operational Guidelines for the Implementation of the World Heritage Convention[R]. UNESCO World Heritage Centre,2005

[6] 汤晔峥. 论大运河遗产价值的制度特性[J]. 中国名城,2010(8):50-58.

[7] Howe, Kathryn Welch. The Los Angeles historic resource survey report: a framework for a city-wide[R]. Los Angeles:Getty Conservation Institute,2008:3-8.

[8] 国际古迹遗址理事会中国国家委员会. 中国文物古迹保护准则[M]. 修订本. 北京:文物出版社,2015.

[9] 全国人民代表大会常务委员会. 中华人民共和国文物保护法[M]. 北京:中国民主法制出版社,2017.

第三章
中国大运河历史脉络

中国大运河,指以漕运为主要目的,依靠中央集权力量组织建造运营,是农业文明时期最具复杂性、系统性、综合性的超大型水利工程。中国大运河历史悠久,上可追溯至春秋吴王夫差开凿邗沟,迄今已有2500年之久。其间经历多次变迁,最终形成北起北京、南至杭州、西至洛阳的河道走向。中国大运河由隋唐大运河(永济渠、通济渠、邗沟、江南河段)、京杭大运河(通惠河、北运河、南运河、会通河、中河、淮扬运河、江南运河段)、浙东运河共三大部分十段河道组成,全长2700多千米(含遗产河道约1011千米)。地跨北京、天津、河北、山东、河南、安徽、江苏、浙江8个省、直辖市,沟通海河、黄河、淮河、长江、钱塘江五大河流(图3-1)。

图3-1 中国大运河示意图

3.1 大运河建设背景之中华文明结构特征分析

中国大运河的诞生与发展离不开整个中华文明的社会背景,正是在中华文明体系的形成、演变与发展进程中,孕育和演化出历史上和今天的中国大运河。大运河立足于中华文明的土壤,受中华文明的洗礼,同时也集中反映出中华文明结构的全部特征。

3.1.1 我国丰富的自然地理特征

我国北有广漠,东南临海,西南是山,四周有自然屏障[1],内部结构完整,山地、丘陵、平原等地形地貌丰富。因地形崎岖,疆域内气候差异显著。总体,我国地处亚洲东部的暖温带和亚热带,主要为东亚季风气候,水热同期,适宜农牧业生产。

在这里,地势自西向东逐级下降,呈明显的三级阶梯:第一阶梯,青藏高原太阳辐射强烈,气温低,湿度小;第二阶梯,内蒙古高原气候干燥少雨,黄土高原黄土沉积旺盛,水土流失严重;第三阶梯,自北向南有三大平原(东北平原土壤肥沃、沼泽广布;华北平原由黄河、淮河、海河冲积形成,地势低,坡降小,河与河间洼地相间分布;长江中下游平原地势低平,湖泊河渠密布,水田连片)。

西高东低的地势对自然河流的影响十分显著。长江、黄河等著名河流多发源于第一、第二级阶梯,并自西向东奔流入海,加强了东部和西部、沿海与内陆之间的联系。而南北之间水路断裂,为了满足物资的运输交换和地区间的沟通往来,开凿人工运河连通南北成为必然。

农耕社会时期,农业是第一生产力,而农业生产需要灌溉。当附近天然河流、湖泊等满足不了农田灌溉时,人们便开始开凿和利用人工河渠。我国自然河流湖泊众多、水量丰富,这些天然水源为运河的开挖提供了便利与水源保障。

3.1.2 丰富的自然地貌带来生产方式的多样化

自然地理环境是人类赖以生存和发展的物质基础,也是文明创造的自然基础。在生产力水平低下的历史时期,人类生产生活受到自然地理环境的影响和限制,生活在不同地理环境中的人们选择与自然相适应的生活和生产方式。

平原地区,黄河、长江两条母亲河一北一南,东流入海,孕育出两种典型的农业生产方式:黄河中下游地区发展旱作农业、长江中下游地区发展稻作农业。黄河、长江也因此成为我国古代文明的发源地。

西部山区,山脉连绵起伏,人们在南方低山丘陵地区发展梯田农业,在缓坡上种植茶树,发展出立体农业等多样化的农业生产方式。

而北方蒙古高原、西面黄土高原、青藏高原等受地理位置和气候条件限制,人们发展出了养殖马、牛、羊等以动物为主的牧业生产。

在漫长的农耕社会时期,我国农业、牧业两大生产方式并行发展,也相互渗透。由于人们生产力低下,地区间的往来往往受限于地理环境的阻断。为了加强各地区间的运输沟通,相较于需要繁重人力、畜力的陆路交通,更加方便快捷高效的水运成为当时更先进、更必然的交通选择。因而,突破自然地理的限制,开辟人工运河成为时代所趋。

3.1.3 多元一体的中华文化

据考古证明,早在新石器时代黄河中下游及长江中下游地区已产生不同的农业文化区。而黄河中下游地区借由当时最为优越的地理气候条件成为中华文明的核心发源地,这一地区在历史上被称为"中原",它孕育了早期中华文明,并逐步向周边区域扩展[2]。

北部、西部的牧区则发展出与中原农业文化截然不同的牧业文化,两者差异充分体现在行为习惯、语言文字、社会组织等方面,究其根源还在于生产方式。正如李根蟠所言,"游牧经济是一种不完全的经济,它需要从邻近的部落或民族换取部分必需的粮食和手工业品。畜牧业并不能完全脱离种植业,游牧部落内部种植业基础薄弱恰恰需要外部的种植业的发展为其必要的补充"[3]。因此,游牧民族时常通过骑马作战的形式侵扰农耕民族进行物资掠夺,从而导致两者之间矛盾频频。当然,在对立侵略的同时,我们也看到,两者在其后数千年里通过和亲、进贡、互市等形式进行了文化的交流和融合。

与此同时,在广阔的农耕地区内,不同的地貌气候和农业发展形式也各自孕育出独具特色的地方文化类型。如春秋战国时期宋、鲁、齐、楚、晋、秦、燕、吴等诸侯国辖区所形成的"楚文化""齐鲁文化""吴越文化""闽南文化""燕赵文化""河湟文化""巴蜀文化""岭南文化"等,其极具传统特色的方言、戏曲、乐器、歌舞、建筑、服饰、饮食、民间节庆、地方性宗教等构成了中华文化的"百花园"[4]。

其实,大运河对于中华文化的多元一体化发展具有积极的推动作用。大运河促进了中国历史上传统的两大区域——南方与北方之间的相互交流,推动了南北方各个民族之间的融合,是文化交流、民族融汇之河,最终奠定了统一国家的文化基础。从这个意义上说,大运河是中国自古以来大一统思想和观念的印证,作为庞大的农业帝国的生命线,对国家大一统局面的形成和巩固起到了非常重要的作用。

3.1.4 基于农业经济的中央集权政治

早期,随着农业经济的形成和发展,人们生产生活资料逐渐积累,人口总量增加,并以血缘族群的形式繁殖扩张,形成小范围部落。部落间由于地域优劣带来的农业产量差异,导致地区部落间通过暴力、争夺的方式来对物资进行重新分配。在这一过程中,以血缘为纽带的氏族进一步紧密联系,并在不断的交流融合、对立冲突中继续发展扩张,从而逐步推动早期国家的形成。然而,无论是原始部落间的冲突争夺还是春秋战国时的兼并争战,其实质皆为农业经济时期社会资源的掠夺和分配。

在小农经济下,各国虽然是多元并列,但农耕经济生产与生活方式、文化形态、价值观念与思维方式,可以说基本上都是同质性的。早在战国时期荀子便已提出"欲恶同物,欲多而物寡,寡则必争矣",农耕社会资源有限,同质个体之间的竞争只能通过战争的方式夺取,而无法实现异质共同体之间通过不同利益交换来达成契约。这就是典型的"零和博弈"①。同质国家之间的兼并战争,不是两败俱伤,就是有你无我,且同质个体为了同样的物欲进行竞争,很难实现均势与平衡,这就决定了最终要以大一统来克服这样的困境[5]。大一统的中央集权王朝,以"分"来建立秩序、分配资源,即每个人根据自己在社会中承担的社会角色、所发挥的社会功能或职能,被安排在不同的等级中,根据等级的高下,由体制分配给他不同的地位、荣誉和各种稀缺资源[6],从而避免无序的争夺,实现社会安定。正如荀子所言:"人之生不能无群,群而无分则争,争则乱,乱则穷。"

于是,在春秋战国时期各国文化融合接近的情况下,秦朝最终兼并六国,建立大一统的中央集权制国家,从此国家格局统一成为历史主流。在这样的情况下,政治对社会资源可以起到直接的支配作用,相较暴力和战争,保障了文化的延续;同时,大一统帝国的体制有利于动员和组织力量来进行诸如防御等工程建

---

① 零和博弈:指参加博弈的各方,在严格竞争下,一方的收益必然意味着另一方的损失,博弈各方的收益和损失相加总和永远为"零",双方不存在合作的可能。

设,也有利于克服小农经济的分散性,把财富集中起来,从而创造相对较高的生产力水平以造就都市经济的繁荣[6]。

在促进文化多元化方面,中央集权政治也发挥了巨大作用。国家因俗而治,充分尊重各地生活方式和文化习俗,使各地文化更加多元繁荣。同时,秦朝通过统一文字,克服各地繁杂方言的障碍,促进各地区文化交流融合,又通过统一货币与度量衡,促进地区贸易往来,从而以皇朝为中心,通过政治规范向外辐射传播中原地区的思想、文化、技术等,使各地区联系更加紧密。

因而,一方面,随着农业经济下斗争与掠夺的爆发,相较于耗费人力、畜力的陆路交通,省力高效的水上交通成为更便捷的选择,由此,战争中军队与物资的运输更加依赖水路的畅通。

另一方面,地域的扩张使得不同风俗习惯、思想观念的地区被纳入统一的王朝体系中。为了实现各地区文化的交流融合、维护政权的稳定,中央集权需要通过全国性的交通体系来便于管制和沟通,以加强中央对地方的掌控。

同时,大一统帝国的体制也为集全国之人力、物力、财力来开凿和修建如此巨大的运河工程提供了政治条件和保障。

3.1.5　中央集权下的经济政策

农业是历代中原王朝赖以生存的基础,以农立国是王朝的基本国策[7]。大一统国家下的经济基础和主导是小农经济,为了维护和巩固这一经济结构,保障社会稳定、政权稳固,"重农抑商"成为中国历代王朝最基本的经济政策,具体表现在战国时"奖耕战""抑商贾",秦汉后"重农抑商""崇本抑末",宋元"官营专卖",明清"海禁"等。重农,即通过一系列督促、奖励等方式组织农业生产,将农民限制在固定土地上耕作生活、经营农业,方便统治者管理和征收徭役赋税。抑商,通过对商人进行政治、社会、法律地位上的限制,在全社会形成轻商贱商的思想观念来限制私人商品经济发展,避免影响农业生产,瓦解小农经济基础,从而危及政权统治。然而,随着交通的便利,各地区间交流加强,商业贸易持续发展,一元农业型经济向包括商业在内的多元经济转变成为历史所趋。尤其是在明清时期,农业生产商品化趋势加强,手工业出现资本主义萌芽,商业空前繁荣,为了维持统治秩序,王朝不得不重新调整抑商政策,在政府和民间、官商与私商间重新分配既有的社会财富。

对于以农立国的封建王朝而言,赋税收入是朝廷的经济基础,其好坏多少直接关系到政权的巩固,因而解决好财税问题对中国这个大一统国家具有十分重要的意义。朝廷用度、军事粮饷耗费巨大,是以通过运河向全国,尤其是后期农业经济发达的南方地区征收财税来维持国家经济需求、保障政权运行稳固,这对于大一统封建王朝而言具有十分重要的意义。

3.2 中国大运河的历史演变

3.2.1 时期划分

不同的历史阶段和社会背景导致了运河在不同时期的发展建设差异。当前,学术界在对运河发展历史进行梳理时,对于运河演变阶段的划分多有争议。基于中国大运河的整体尺度,本研究借鉴相关学术成果的观点[8-12],按照运河的建设起因及形态特征,将大运河自开凿至清末这段时间的发展分为区间运河、南北大运河、京杭大运河三个时期。

(1) 区间运河时期

区间运河时期是自春秋至南北朝。此时局面处于争战分裂时期,各国为了满足农田灌溉、促进农业生产发展,在各自所辖地区广泛开凿河渠,多是开辟较为短途的人工河道来沟通自然水系以实现区域的通航,由此改进水路运输条件,促进商贸交易或兵粮运输,以实现国力的增强。这些区间运河与自然河流相连,在秦朝时期初步形成全国性的水路运输体系。此后短暂的大一统时期,由于王朝地域广阔,需要通过漕运来保障政治稳定,秦、汉两朝皆为维持漕运而不断地开凿建设运河、改善航运条件。三国时期,局面再次分化,为大力发展生产、增强国力,各国又竞相开展河渠开凿、修整建设。此为中国运河体系的初步形成阶段(图 3-2)。

(2) 南北大运河时期

南北大运河时期是自隋代至宋。隋朝国家再次统一,王朝迁都北方洛阳,又筑新都大兴,国库空虚。由于此前魏晋南北朝时期对江南的开发,南方经济开始大力发展,粮食物资充足,而北方由于连年战乱,经济逐渐滞缓。此时,亟须沟通南北方以实现南粮北运、供养京师,南北大运河工程由此浩荡开展。此后又出于收复辽东、东巡江南的需求而向北、向南继续拓展,最终形成以洛阳为中心、北至涿郡(今北京)、南至余杭(今杭州),呈"人"字形走向的长达 2 700 余千米的南北大运河,沟通了钱塘江、长江、淮河、黄河和海河五大水系,流经北京、天津、河北、河南、山东、安徽、江苏、浙江六省两直辖市(图 3-3)。南北大运河的开通有力地

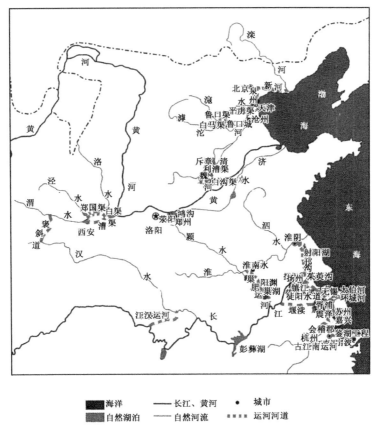

图 3-2 区间运河时期运河

促进了国家统一、社会发展、经济繁荣和文化交流。尤其在唐宋时期,大运河的开凿得到极大的发展和完善。

(3) 京杭大运河时期

京杭大运河时期是自元代至清末运河废弃。元代起,封建王朝定都北京,全国漕运转为以北京为中心,由南向北运输,大运河开始进入新的建设阶段。元代在今淮安"截弯取直",自南向北连接江南杭州和京师大都(今北京),长约1 800千米,流经北京、天津、河北、山东、江苏、浙江四省两直辖市。京杭大运河的全线贯通,极大地方便了南粮北运,有利于中央对南方地区的控制,也加强了南北方文化的联系沟通(图3-4)。尤其明清时期,京杭大运河促进了南北物资的大交流,极大地推动了沿线地区商业发展、城镇繁荣,成为京杭之间乃至全国经济发展的大动脉。而原隋唐大运河的其他运河河段则在这一时期逐渐没落。

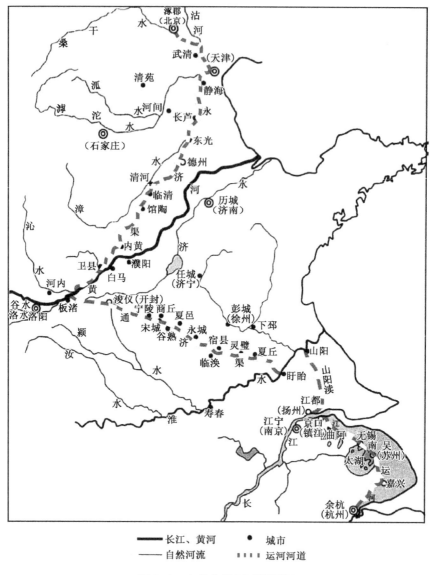

图 3-3 南北大运河时期运河

3.2.2 不同历史时期大运河的演变

在上述运河发展阶段划分的基础上,笔者根据相关的史料记载,对中国大运河建设发展过程中的重要时间节点,以及历代王朝所采取的措施或发生的相关事件进行了简要梳理和总结(表 3-1)。

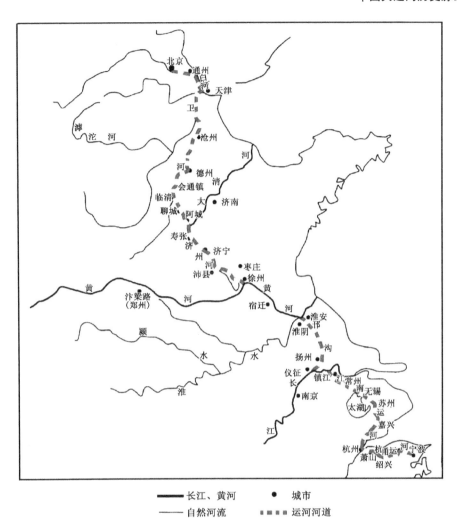

图 3-4　京杭大运河时期运河

表 3-1　中国大运河历史演变

时期	重要时间节点	建设背景	重要事件	功能或意义
区间运河时期（春秋至南北朝）	公元前486年	吴国北伐齐国，为满足兵粮运输需求	吴王夫差下令开凿邗沟	中国大运河之始
	约公元前221年	秦朝国家大一统，军事需求及京都朝廷日常供养规模增大	秦始皇设立敖仓，通过自然河流和人工运河向全国征收漕粮	开创漕运体系

(续表)

时期	重要时间节点	建设背景	重要事件	功能或意义
南北大运河时期（隋至宋）	公元 582 年	隋文帝兴筑新都大兴，国库空虚	隋朝恢复漕运，并在卫、陕、华、洛四州设立粮仓	漕运恢复
	公元 587 年	隋朝起兵攻打江南陈国	隋文帝下令沿此前因战乱淤塞的邗沟开凿山阳渎	满足军事运输需求
	公元 605 年	隋炀帝迁都洛阳	开凿通济渠	沟通洛阳与江淮
	公元 605 年	山阳渎途经湖泊，不利行船	舍弃山阳渎，沿邗沟西道重开邗沟	沟通淮河与长江
	公元 608 年	为收复辽东、远征高句丽	隋炀帝下令自洛阳向北直达涿郡（军队大本营）开凿永济渠	满足军粮运输需求
	公元 610 年	隋炀帝意欲东巡	隋炀帝下令开凿江南运河	沟通长江至钱塘江 隋唐大运河全线贯通，有利于维护国家统一、带动经济发展、促进文化交流，也带动了沿岸城镇的快速发展
	公元 733 年	全国漕运供应量不足	裴耀卿实行"节级转运法"对漕运进行改革	极大地提高了漕运量，促进漕运的发展
	公元 762 年	朝廷、军队粮食需求日益增长	刘晏实行"分段转运法"	提高了全国漕运供应量和漕运效率
	公元 984—987 年	因楚扬运河（邗沟）部分河段水量不足、易受洪水侵袭	北宋开凿、改造河道，修筑船闸堤岸	航运更加畅通、稳定；船闸技术、堤防工程技术取得创新

(续表)

时期	重要时间节点	建设背景	重要事件	功能或意义
	公元993年	朝廷、军队粮食需求日益增长	杨允恭建立"转搬法"	降低漕运成本、减少货物散失风险、提高漕运效率
	公元1075年	御河水量不足	水官程防等提出"引黄济御"工程	保持了御河畅通
	公元1079年	因通济渠(汴河)以黄河为水源,受黄河影响易淤积、不稳定	北宋开展束水攻沙、定期疏浚、导洛通汴等一系列工程措施	保证了通济渠的畅通无阻;导洛通汴工程是中国水利工程史上治水的成功案例
	公元1194年	黄河决口,夺淮入海,洪水东流泛滥	南宋不得不加固堤岸以捍风浪	对通济渠(汴河)和邗沟产生了致命破坏
京杭大运河时期(元至清)	公元1282年	北面中泺至淇门一段需起旱,水陆两运不便	元朝开济州河	沟通两地,方便水运
	公元1289年	北方的御河和南方的扬州运河及江南运河尚未连接	开凿会通河	南北航运完全打通
	公元1291年	南北大运河形成后,亟须开展运河管理工作	元朝恢复都水监机构	运河管理加强
	公元1292年	通州至元大都的水路不畅通	郭守敬主持开凿通惠河	漕船可从江南杭州直达京师大都,京杭大运河全线贯通
	公元1411年	会通河水源问题一直得不到解决	宋礼连同白英老人,在南旺镇建设分水枢纽	南旺分水工程获得成功,创造了中国乃至世界水利工程史上的多项奇迹,留下了一系列重要的古代水利工程遗迹

(续表)

时期	重要时间节点	建设背景	重要事件	功能或意义
	公元1421年	明成祖迁都北京，漕运目的地再次改成北京	朝廷重新重视大运河并对其不断疏浚，建立巡查、管理制度保障漕运	恢复全国性的漕运，方便南北交通运输
	公元1451年	漕运管理不断改进	形成河道管理和漕粮运输管理两大体系	严格的漕运管理制度开始固定
	公元1471年	漕粮运输需要进一步规范	实行军队运粮	自此直至清代，都延续了这一制度
	公元1565—1595年	黄河河道及沿岸堤防失修、淤积、坍塌情况严重	朝廷开始重视整修黄河，同时设法使运河运道摆脱借行黄河水路的状况	其中出现治水名臣潘季驯、万恭等，对黄河开展了卓有成效的治理，并产生了《问水集》《治水筌蹄》《河防一览》等重要治黄著作
	公元1644年	黄河河堤失修，河道淤塞	清朝沿袭明代漕运制度，设置河道总督	漕运制度更加成熟
	公元1677年	黄淮运间问题突出	靳辅通过治理清口、引水刷黄等全面规划治理黄淮运	治理黄河、淮河，运河得到一定维护
	公元1855年	黄河决口，冲断会通河并再次开始南北决溢	会通河被废弃	京杭大运河全线通路中断
	公元1905年	山东境内黄河时常泛滥，大运河一天比一天淤塞	漕运总督被废	标志着封建时期中国大运河的终结

由此可见,中国大运河与王朝兴衰紧密关联、唇齿相依。王朝兴,有足够的人力资金投入以保障大运河的建设和维护,运河兴,则有力地发挥运输功能,以保障国家安定统一,同时促进运河沿线地区文化交流、经济繁荣和聚落发展,带动王朝繁荣昌盛;反之,当王朝国力衰弱无法保障大运河运营维护时,运河也随之衰落,运河一旦衰落,失去物资支撑的王朝离灭亡也就不远了。

3.3 中国大运河历史脉络的建构

3.3.1 历史脉络的属性特点

由前所述历史脉络的概念内涵,其具有以下几点属性特点。

① 时空性:历史脉络须有明确的时间和空间范围限定;

② 全面性:所选取的历史脉络应当全面地描述遗产的历史发展并涵盖各类遗产资源,对于一个大尺度的历史地段或文化遗产区域而言,其历史脉络通常不止一个;

③ 整体性:多个历史脉络间相对独立但又密切联系,共同形成对遗产历史的整体描述;

④ 概括性:对历史脉络的描述应提炼能够代表历史发展的线索并高度凝练;

⑤ 可扩充性:由历史脉络联结遗产资源时,遗产资源具有开放性,在后期可陆续补充新的遗产单体或遗产类型。

3.3.2 主要历史脉络

依据前文所述中国大运河的建设发展及其历史演变过程,针对农耕社会时期大运河的发展提出以下两条主要历史脉络,用于综合阐释中国大运河的发展演变过程(表3-2)。

表3-2 中国大运河历史脉络

序号	主脉络名称	内涵	时间	子脉络名称	内涵
1	大运河水利工程建设	在复杂的自然条件下,为了沟通漕运起止点,保障运道畅通而修建的各类水利工程设施	公元前486—1905年	河道开凿建设	为了开展漕运而进行的大运河河道开凿、改道建设

(续表)

序号	主脉络名称	内涵	时间	子脉络名称	内涵
1				水利设施及航运工程建设	基于河道本体、为维护河道及保障航运畅通而修建的水利设施及航运工程
				附属管理设施建设	为了更好地使用、管理运河而开展的附属管理设施建设
2	大运河建设所带来的衍生影响	中国大运河在两千多年的建设、发展过程中给沿线地区聚落形成和发展、生态景观环境变化以及地区文化孕育传播带来的重要影响	公元前486—1905年	大运河周边聚落发展	运河沿线因河而生、因运河而兴的城镇、村落和历史街区的产生发展
				周边生态与景观环境	大运河在开凿、修建与运行过程中与周边自然环境相互影响,形成的生态与景观环境
				受大运河影响的中华非物质文化	大运河孕育或催生的一系列非物质文化,包括传统技艺、表演艺术、民俗文化等

3.3.3 历史脉络的内涵阐述

(1) 主脉络1:大运河水利工程建设,公元前486—1905年

大运河水利工程建设指的是在复杂的自然条件下,为了沟通漕运起止点、保障运道畅通而修建的各类水利工程设施,其建设起于公元前486年春秋吴国开凿邗沟,结束于1905年清朝废止漕运。

水利工程建设,见证了我国古代劳动人民通过沟通水系、改变自然地貌来实现通航的整个运河开凿建设的历史过程,证明了中国大运河是一条伟大的人工开凿的水路运输通道,其在地域沟通、交通运输中发挥着巨大的作用,借此开展的漕运有力地保障了封建王朝的政权稳定和统一。同时中国大运河也是一条水利工程建设廊带,其所创造的系列水利及航运工程体现了我国古代劳动人民在

利用自然进行水利建设中的先进思想和高超技术,在我国乃至世界水利史上具有重大意义。

大运河水利工程建设可细分为河道开凿建设、水利设施及航运工程建设和附属管理设施建设三个子脉络。

① 子脉络1:河道开凿建设,公元前486—1905年

我国地势西高东低,自然江河自西向东汇流入海,海河、黄河、淮水、长江、钱塘江五大水系均为东西走向,而南北间水路缺乏沟通,并不通畅。为了实现物资由南向北的输送,打通都城与富庶的江南之间的联结通道,历朝历代都有不同规模的开凿或疏浚运河的工程。其中隋、元时期尤其对大运河进行了大规模的开凿、改道,借助自然水系建成全国性的水路运输通道,完成了大运河历史上的两次大贯通,其他朝代主要在前朝形成的运河体系基础上进行维护、疏浚和小规模的修建。

本研究进一步选取了中国大运河开凿建设中具有标识意义的重要节点,以图示的形式清晰展现大运河的这一主要脉络(表3-3)。无论是最初春秋期间运河的开凿,还是隋唐以洛阳为中心沟通南方与中原,或是元明清时期对南北方的沟通,运河的开凿最终实现了全国性的水路畅通,在农耕时期的物资运输方面体现出无可替代的巨大价值。

表3-3 中国大运河河道开凿建设

朝代	开凿河道	河道详情及意义	运河走向示意图
春秋吴国	邗沟	从邗城(今扬州)到末口(今淮安),全长180多千米,实现了长江和淮水之间的沟通	

(续表)

朝代	开凿河道	河道详情及意义	图示
隋	广通渠	从都城大兴到潼关,长逾150千米,实现了长安和黄河间的沟通	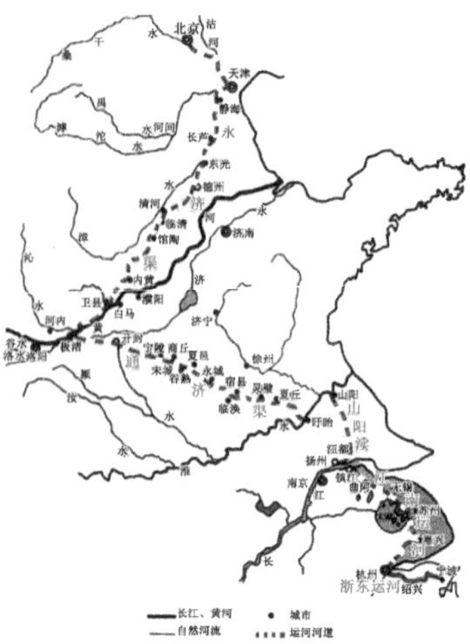
	通济渠	沟通了新都洛阳与淮河	
	重开邗沟	沿邗沟西道开凿运河,沟通了淮河与长江	
	永济渠	从洛阳到涿郡(今北京),长逾950千米,向北延伸沟通了北方与当时的都城洛阳	
	江南运河	从镇江到杭州,全长逾340千米,沟通长江和钱塘江。自此,钱塘江、长江、淮河、黄河、海河五大水系彻底由运河相连沟通	
元	济州河	由济州(今济宁)西北到须城(今东平县)的安山,长75千米;济州河的开凿对南北交通以及周边地区经济文化发展起到十分重要的作用	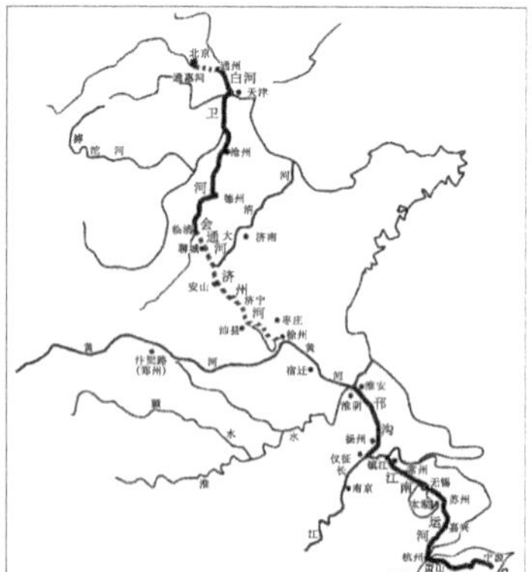
	会通河	由须城安山经聊城到临清,长125千米,连接济州河和卫河。自此,北方的御河和南方的扬州运河及江南运河由会通河、济州河相连,实现了南北水路的贯通	
	通惠河	连接大都到通州,南粮北运直达大都,京杭大运河全线贯通	

② 子脉络2:水利设施及航运工程建设,公元前486—1905年

中国大运河开通后,由于自然环境的不断改变,运河河道也面临了一系列问题,或水源供给不足,或受到洪涝的威胁,或因泥沙沉积而淤塞,而为了保障水位稳定、航运畅通,历朝历代充分发挥劳动智慧在大运河河道上进行了一系列水利设施和航运工程建设(表3-4)。

表 3-4　中国大运河重要水利工程建设

朝代	水利措施	工程类型	意义
隋	隋炀帝在沿邗沟西道重开邗沟时连接沿途湖泊以供水	水源工程	利用自然湖泊作为水柜,进行旱时供水、涝时蓄水
唐	唐高宗至唐玄宗年间,永济渠汛期洪水泛滥,朝廷开展开挖减河、修筑堤防、蓄水滞洪等一系列防洪工程	泄洪工程	采取多样化的方式缓解洪涝影响
唐	唐德宗时期,邗沟水源不足,杜亚疏通开凿引水渠道,并在渠道与爱敬陂交接处修筑控制蓄水、放水的水门	闸坝工程	将闸坝技术运用于水源工程中,使得水源的引用更加科学、准确、具有可控性
唐	唐肃宗至德年间(公元756—758年),在江南运河地势变化点修建堰闸	闸坝工程	克服地理因素的影响,实现了对运河水位、水量的准确调节和控制
宋	1075年,御河水量不足,水官程昉等提出"引黄济御"	水源工程	引用了黄河这一自然河流进行运河的供水
宋	针对汴河(通济渠)泥沙沉积、运河口变动等问题,北宋实施"清汴工程",引导洛水取代黄河作为汴河水源	水源工程	以清水河代替多沙河作为水源,保证运河的畅通,是中国运河史和水利工程史上的成功案例
宋	北宋雍熙年间,乔维岳在开通沙河运河时,首次创造使用船闸代替堰埭	船闸工程	船闸的创造和使用是中国乃至世界水运史上重要的创新和贡献
宋	宋哲宗绍圣年间,曾孝蕴发明澳闸	船闸工程	对船闸进行进一步的改进,克服过往船闸的缺点,使其更好地运用于航运控制
元	郭守敬在开凿通惠河时,针对水源缺少问题,实施白浮瓮山河引泉工程	水源工程	充分利用当地地下泉水水量丰富的地理优势改进水源
元	为解决北运河春夏洪涝、秋冬缺水问题,对坡降比大的河段进行"曲化"施工;对无明显坡降但河道弯曲者,则进行裁弯取直	调蓄水工程	因地制宜,通过路线的选择优化,有力地改善了航运条件

(续表)

朝代	水利措施	工程类型	意义
明	针对会通河水源长期缺乏问题,宋礼连同白英老人规划建设南旺分水枢纽	闸坝工程	南旺分水工程获得成功,创造了中国乃至世界水利工程史上的多项奇迹,留下了一系列重要的古代水利工程遗迹
清	公元1677年,黄河、淮河、运河之间的问题突出,靳辅通过治理清口、引水刷黄等全面规划治理黄淮运	清口工程	清口工程是综合系统的整治工程,体现了治水的高超技术和理念

本研究进一步选取历史上重要的运河水利工程措施,以列表的形式展现中国大运河在工程技术方面不断取得的进步和成就,也凸显出大运河在中国乃至世界水利工程史上的重要意义和地位。

在大运河水利工程建设史中,宋、元、明是水利工程技术快速发展的重要阶段。

宋代船闸技术的创新运用,有效解决了此前闸坝工程的缺陷问题。海宁的长安闸是现存唯一被《国际运河名录》所记载的复闸例证,是世界水运史上最早的复式船闸之一,也是世界历史上最早应用的配备有水澳的复闸,通过水澳回收水量,用两个闸室防止两个不同水位河道之间运船的时候水量流失。

明代朱棣迁都北京,再次贯通大运河,这一阶段重修了大运河,并找到大运河的水脊,即山东省南旺镇。通过一系列复杂的水利措施,建立戴村坝从汶河引水,引至南旺镇,建设南旺水利枢纽。至此,汶河水"七分朝天子,三分下江南",从水脊向南北两侧供水,才真正解决会通河的水源问题。南旺分水工程体现出世界范围内高超的治水理念和技术水平,在水利史和工程史上是非常了不起的成就。

潘季驯的清口枢纽工程解决了自1128年黄河夺淮后,黄河、淮河、运河交汇于淮安清口,干扰运河畅通的问题。自公元16世纪末开始、历时200多年兴建的与黄河泥沙抗衡的清口枢纽工程是极为复杂的工程体系,其修建过程中诞生的高家堰是公元17世纪前世界上规模最大的砌石坝,其石工墙的修建代表了当时世界先进的施工技术。形成的洪泽湖是淮河中游的重要控制性工程,也反映了非常大的工程科技的成就。

在运河治理期间,也涌现出了郭守敬、潘季驯、万恭等治水名臣,并出现了《问水集》《治水筌蹄》《河防一览》等重要治黄著作。众多的水利工程和航运工程反映出中国古代在水利建设方面利用自然、巧夺天工的伟大成就和创造精神,是华夏民族智慧的结晶。

③ 子脉络3:附属管理设施建设,公元前486—1905年

中国大运河是国家工程,为了更好地维系运河的畅通和使用,各王朝在运河管理和漕运制度方面进行了不断的探索,产生相应的职能衙署和管理制度。

官职的设置历朝历代各有不同,自隋代设置敖仓起,漕运制度开始形成,朝廷将漕运事务纳入国家管理之中。唐时设置"都水监"这一中央执行机构,负责水利、桥梁建设和管理,又设"转运使"负责运河工程管理和漕粮运输。宋代在设"都水监"督导地方重要水利工程的同时,开设漕运专门管理机构——排岸司和纲运司,将漕运分为两个系统:排岸司负责运河工程管理及漕粮验收、入仓,纲运司负责随船押运[8]。元代在都水监的基础上,分别于会通河和通惠河两段运河上设置专门负责闸坝管理维修和漕运管理的官员。明成化七年(1741年)设总理河道,负责主持治理黄河、修浚运河河道,而漕运总督负责漕政,由此独立河漕分司管理体系逐渐完善。且明代起,将运河通州至扬州分成许多段管理,各段都设都水分司负责主管。清代沿袭明代,河道总督总管黄河运河。雍正时分为江南河道总督、河东河道总督、直隶河道总督三大总河,分别管理江苏安徽两省的黄河与运河、河南山东两省的黄河与运河、海河水系各河。到1855年黄河大改道后,裁撤南河和东河,河务归地方管理。

随着运河管理机构、职官的变化发展,其职责分工不断明确、设置逐渐科学,最终对庞大的运河实施了有效的管理,同时诸如粮仓、码头一类的运河附属设施得到不断的建设和完善,这些都有力地保障了漕运制度的长期运作和发展,使得大运河能够充分地发挥运输功能,为王朝源源不断地提供物资供给,助力政权的稳固发展。

(2) 主脉络2:大运河建设所带来的衍生影响,公元前486—1905年

大运河建设所带来的衍生影响指大运河在两千多年的建设、发展过程中给沿线区域聚落形成发展、生态景观环境和运河文化孕育传播等带来的重要影响。其时间自公元前486年春秋吴国开凿邗沟,至1905年清朝废止漕运,地理范围是中国大运河两侧沿岸,与运河发展密切联系的区域。

这一历史脉络体现了中国大运河由于串联了不同地域而带动了沿线区域的城镇发展、文化交流、经济繁荣等,不少城镇因运河而起,或因运河而盛,这使大运河不仅是漕粮运输、物资往来的通道,同时也成为国家文化经济的纽带和生态廊道,对我国区域的发展具有重要的意义。

大运河建设所带来的衍生影响分为大运河周边聚落发展、沿线生态与景观环境和运河非物质文化三个子脉络。

① 子脉络1：大运河周边聚落发展，公元前486—1905年

伴随着运河河道的畅通，漕运、盐运及商贸活动日益频繁，由此带动了运河沿线地区的经济与文化交流，甚至催生了新的城镇的诞生，形成了一系列与运河紧密联系、具有运河文化特色的聚落。这些聚落，或伴生于运河的开凿，或繁荣于运河的开通。它们与运河的兴衰息息相关，随着运河的兴盛而兴盛，有的也因运河的衰落而消亡。

关于运河聚落的定义，国家文物局《大运河遗产保护规划第一阶段编制要求》中提到："建成、发展或变迁与运河的建设、交通、商业、生产活动密切相关、历史风貌和传统格局保存完好的沿运河的城镇与村落，确定为运河聚落"。

本脉络通过列表的形式，结合各重要历史时期，对典型运河城镇的发展进行历史追溯，由此明晰中国大运河促进沿线区域社会、经济、文化发展的积极意义（表3-5）。

表3-5 受运河影响的典型运河聚落形成及发展概览

时期	运河发展背景	典型运河聚落形成及发展		
		聚落类型	聚落名称	影响机制
区间运河时期	开凿邗沟、鸿沟、泰伯渎、山阴古水道、浙东运河等区间运河	城镇	无锡、苏州、嘉兴、杭州、绍兴、宁波	当地河网密布、运河穿城而过→农业灌溉、水运交通便利→农业生产发展、聚落发展
			西安、洛阳、郑州、沧州、天津、淮安、扬州、镇江	军事重镇、交通枢纽运河开通→水陆交通繁忙→聚落发展
			荥阳	运河开通→设置粮仓→漕粮集散中转→人口聚集→聚落形成
隋唐南北大运河时期	开凿永济渠、广通渠、通济渠、江南运河、重开邗沟	城镇	东光、德州、宿州、淮安、扬州、镇江、常州、无锡、苏州、嘉兴、绍兴、宁波	运河开通→漕船、商船来往→码头货物集散中转→人口汇集→商贸发达→聚落发展
			洛阳、开封、商丘、杭州	曾为政治中心、运河中心运河开通→商业经济发展→建都于此→漕运愈发繁忙→商业贸易繁荣发展→成为政治、经济、文化中心
		历史街区	河南安阳道口镇顺南老街、顺北老街、一面街、顺河街、码头街；河南新乡北关街；镇江西津渡古街；扬州东关街	运河开通→船只往来、运输繁忙→沿河设立码头→人口聚集、商贸发展→聚落发展

(续表)

时期	运河发展背景	典型运河聚落形成及发展		
		聚落类型	聚落名称	影响机制
元明清京杭大运河时期	开通济州河、会通河、通惠河	城镇	北京	政治中心、运河中心运河开通→满足朝廷供养→经济繁荣
		城镇	通州、天津、沧州、德州、临清、聊城、济宁、枣庄、徐州、宿迁	往来停靠→商业发展运河开通→漕粮货物运输中转→官、商、民聚集→商业发展、城市繁荣
		城镇	枣庄台儿庄	运河开通→运河管理机构设立→刺激消费→商业发展
		村落	通州皇木厂村	运河开通→转储明代建都木材→村落发展
		历史街区	徐州窑湾镇中宁街、河西大街	运河开通→漕粮货物运输中转→各地商人聚集→会馆商铺林立→聚落发展繁荣

运河聚落与运河水网的密切联系体现出大运河对沿线地区聚落产生发展的巨大推动。由运河开凿、漕运发展带来的人流聚集促进了街区、城镇的形成，货物集散、商贸发展促进了运河沿线经济的发展和地区的繁荣，并创造出独特的运河聚落文化与生活方式。尤其是在明清全面停止海运的情况下，京杭大运河承载了全国绝大部分的货物运输，物资以"漕船夹带"和"回空载货"的形式在运河沿线地区进行广泛的贸易销售，极大推动了当地经济繁荣和聚落发展。

此外，不同地区的文化、观念、习俗、信仰借由这条大型交通干线广泛传播，促进了国内、国际的文化交流。可以说，中国大运河是一条承载了悠久城市史、人文史、社会经济史的综合性历史文化遗产廊道。

② 子脉络2：沿线生态与景观环境，公元前486—1905年

大运河的开凿和建设过程也是中国古代人们不断与自然相互做功的过程。大运河在两千多年的开通、发展过程中与沿线自然环境相互影响与渗透，形成了极具特色的运河生态与景观环境。

由于生态景观环境复杂多变，且相关史料记录不详，故本脉络选取有史可查的运河沿线河流、湖泊、水系等水环境，以此为例，简要阐述其与运河之间的相互影响（表3-6）。

表 3-6　大运河与沿线水环境的相互影响概览

时期	背景	影响
春秋	吴王阖闾开凿青溪运河	长江洪水排入太湖,太湖湖面扩大
	吴王夫差开凿邗沟	沟通长江和淮水
战国	魏国开凿鸿沟	连接黄河、淮水之间的众多天然河流,中原地区形成以鸿沟为主干的鸿沟水系,流域面积扩大,有利于分泄黄河洪水、稳定黄河河道
秦	开凿灵渠	沟通长江水系与珠江水系
隋	开通江南运河	沟通长江、钱塘江和太湖水系
	开凿通济渠	连接黄河和淮水
	黄淮平原间湖泊众多	调节通济渠水量
	开凿永济渠,南北大运河贯通	五大水系连为一体
东汉	曹操自滹沱河至泒河开凿平虏渠	河北平原上原本独流入海的黄河、滹沱河等主要河流都汇流至天津入海,形成海河水系
北宋	为防御辽国骑兵南下,北宋利用界河南面众多湖泊,筑塘引河蓄水	形成大规模人工淀泊群,即今白洋淀—文安注一带。但由于水源大量引入,周边湖沼水源减少甚至干涸
元	开凿通惠河工程,引白浮泉至瓮山泊(今昆明湖),南转汇集双塔、榆河、一亩、玉泉诸水,向东南流入积水潭	形成如北京颐和园昆明湖、中南海、什刹海、北海等湖泊及其岸线、岛屿、山麓、桥梁、小径、古建筑、塔幢、绿荫等重要的自然遗产和景观[9]
	黄河河道变更不定、决口频频,洪水东流,北决冲毁运河河道,南决夺淮入海	给借行黄河河道的通济渠和邗沟带来了极其严重的破坏
	黄河夺淮入海,淮河大量泥沙淤积,河床日高,两侧洼地泄水不及,汇成洪泽湖、高邮湖、宝应湖、邵伯湖等	为抵御淮水东侵,陈瑄修筑洪泽湖大堤
	人工修建并不断筑高、延长洪泽湖大堤	洪泽湖水位不断抬高,变成"悬湖"
明	整修会通河时,在运河沿线围湖筑堤,设置南旺、安山、马场、昭阳四大水柜,蓄水济运、调节水量	形成人工湖泊,后因人工围垦而淤废
清	黄河在河南铜瓦厢决口,再次进行重大改道,夺大清河河道在渤海入海,并在张秋镇附近冲断会通河	会通河河道大多被淹埋废弃,京杭大运河由此全线通路中断

中国大运河是中华儿女顺应自然环境、因势利导、因地制宜,以人工沟通自然河流和湖泊,分段接力完成的伟大漕运系统和生态文明工程,体现了人与自然的高度和谐。作为跨越海河、黄河、淮河、长江、钱塘江五大水系的人工运河,大运河的开通营造了新的自然环境、生态环境,为调和运河沿线区域的生态环境做出了历史贡献[10]。

③ 子脉络3:运河非物质文化,公元前486—1905年

中国幅员辽阔,各地域文化更是在华夏大地上百花齐放、百家争鸣。中国大运河不仅推动了中华文化的多元一体化,同时也孕育了多姿多彩的运河文化。

其中,大运河非物质文化遗产丰富,既包括与大运河相关联的传统技艺,如运河开凿中的勘测度量技艺、水利工程建设的传统技艺、漕运舟船的制造技艺、粮仓的营造与防潮防蛀技艺等;又包括由大运河沿岸生活所派生的人类口述遗产,如关于运河的各类故事、传说,运河船工号子,由大运河产生的社会风俗、礼仪、节庆、信仰崇拜、民俗生活以及一些因大运河而形成的方言等,天津现存的天后宫、天妃宫这两个遗存让我们了解了大运河如何把信仰带到北方,大运河沿岸的龙王庙、禹王庙、大王庙这些水神信仰的传播,也跟大运河息息相关。此外,还包括在大运河沿线地区形成或传承、发展的表演艺术如戏曲、曲艺、音乐、舞蹈、杂技等,以及由大运河催生的传统手工艺技能,如临清贡砖烧造、苏州金砖制作技艺等[11]。

中国大运河不仅是地域文化的滋生地和一体文化形成的大环境,还是中华文化的传播大通道[11]。它促进了中国与邻近国家和地区之间的文化交流,如日本、东南亚、欧洲等。元代的马可·波罗、菲律宾的苏禄王等,都为中华文化的传播做出了贡献。

本研究中选取吴桥杂技和通州开漕节两个非物质文化遗产作为典型阐述运河在保存、延续和发展沿岸文化中起到的重要作用。

① 吴桥杂技

吴桥杂技传统悠久。《吴桥县志》中记载,逢年过节,人们就会涌上街头,翻跟斗、叠罗汉、打拳脚、变戏法,热闹欢腾,通宵达旦[11]。

运河的开通为吴桥杂技提供了重要的表演场所。元代京杭大运河贯通,吴桥成为运河沿岸重要城镇之一,南来北往的客商在此停留,促进了当地庙会的兴盛。在庙会中,除祭祀神灵、交易商品外,还有丰富多样的民俗表演,而吴桥杂技凭借其"惊、险、奇、绝"的魅力大受欢迎。

运河的开通,更为吴桥杂技提供了广阔的发展空间。吴桥有一首著名的锣

歌:"小小铜锣圆悠悠,学套把戏江湖走。南京收了南京去,北京收了北京游。南北二京都不收,条河两岸度春秋",生动地表现了杂技艺人沿着运河上下行走、卖艺江湖的情景[12]。他们沿着运河,或北上沧州、天津、北京,或南下徐州、扬州、苏州、杭州等地,甚至走向国外,在不断传播交流的过程中吸收优点,因地制宜进行创新,促进了杂技艺术的繁荣。

② 通州开漕节

元明清三代定都北京,南北漕运成为国家之重。元代开通京杭大运河,漕粮经通州可直达北京。明嘉靖时,吴仲整修通惠河,通州因漕运而发展,成为南北通商、人口聚集、文化交流、经济发达的重镇。

从山东北部开始,大运河冬季为枯水期,运河水量少,且河水冰冻无法行船。直到春天冰雪消融,由水库放水抬高水位,运河才得以通航。于是,每年漕运重新通航时,通州当地的民众都要祭水神、祭坝神、祭财神,以求神灵护佑,还要唱大戏、跳蹦蹦、摆筵席来大肆庆祝。后来朝廷对其予以倡导和规范,逐渐形成通州所特有的开漕节。在开漕节来临前,南方的漕船和商船已到达通州,等官方在开漕日这天举行祭坝、祭吴仲等仪式,宣布开漕[12]。

中国大运河的非物质文化蕴含着中华民族特有的精神追求、思维方式、价值取向和艺术品质,体现着中华民族的生命力和创造力,是中华民族智慧、劳动与创造的结晶,构成了中华文化的重要组成部分。

参考文献:

[1] 费孝通.中华民族的多元一体格局[J].北京大学学报(哲学社会科学版),1989(4):3-21.

[2] 马戎.中华文明的基本特质[J].学术月刊,2018,50(1):151-161.

[3] 李根蟠,黄崇岳,卢勋.中国原始社会经济史研究[J].中国经济史研究,1988(1):161.

[4] 马戎.中华文明共同体的结构及演变[J].思想战线,2019,45(2):36-49.

[5] 萧功秦.中国为何没能突破农耕文明[J].中国乡村发现,2016(4):110-116.

[6] 马涛,王姝黛.中国传统经济思想与中国发展道路的历史关联[J].财经问题研究,2019(5):12-18.

[7] 冯天瑜.中国古代农业文明诸特征[J].江汉论坛,1990(2):60-64.

[8] 毛峰.京杭大运河历史与复兴[M].北京:海洋出版社,2014.

[9] 蔡蕃.京杭大运河:水利工程[M].北京:电子工业出版社,2014.

[10] 刘森林.大运河:环境 人居 历史[M].上海:上海大学出版社,2015.

[11] 毛锋,聂跃平,陈述彭.伟大的生态文明工程——对中国大运河遗址的再认识[J].地球信息科学学报,2008,10(4):511-519.

[12] 荀德麟.京杭大运河:非物质文化遗产[M].北京:电子工业出版社,2014.

第四章
历史脉络视角的大运河遗产构成

4.1 由历史脉络推衍遗产类型

大运河历史脉络属于理论层面的建构,在具体的遗产保护实践中需要以"遗产类型"的概念与实质性的遗产资源进行联结。图4-1、图4-2分别由主要历史脉络1和2,结合文献资料与现场踏查,分析其涵盖的遗产类型。就遗产类型

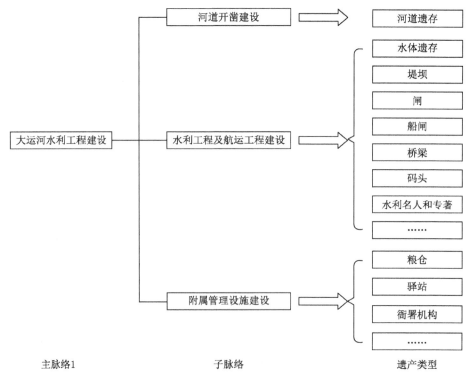

图4-1 基于主脉络1的大运河遗产类型分析

第四章 历史脉络视角的大运河遗产构成

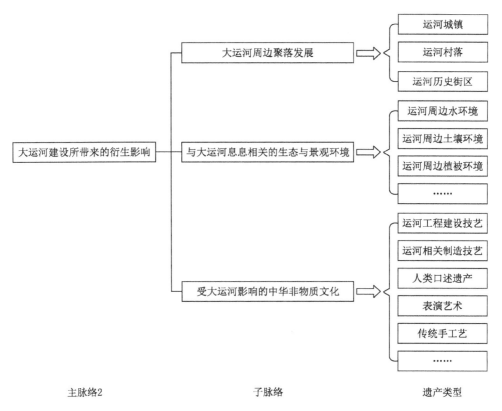

图 4-2　基于主脉络 2 的大运河遗产类型分析

而言，即使缺乏某个个别遗产的完整信息，仍然可以进行认定、评价和干预处理。

下面就运河主体遗产——水利工程遗产的部分遗产类型作简要介绍。

① 河道遗存

中国大运河的主体由众多自然水系和人工河道连接而成，在2 500多年的发展历程中经历不断地开挖和拓展，成就了大运河今日之宏图。直到今天，不少河道仍可通航，一些河道可以季节性通航，有些历史性河道已经断航。大运河河道中有27段被列入世界遗产名录（表4-1）。

表 4-1　大运河世界遗产河道

省	市	河段（27段）
	北京市	通惠河北京旧城段、通惠河通州段
	天津市	北、南运河天津三岔口段

(续表)

省	市	河段（27段）
河北省	沧州	南运河沧州至德州段河道
	衡水	
山东省	德州	南运河德州段
	聊城	会通河临清段（元运河、小运河）
		会通河阳谷段
	泰安	会通河南旺枢纽段
	济宁	
		会通河微山段
	枣庄	中河台儿庄段
河南	安阳	永济渠滑县浚县段
	鹤壁	
	郑州	通济渠郑州段
	商丘	通济渠商丘南关段
		通济渠商丘夏邑段
安徽	淮北	柳孜运河遗址
	宿州	通济渠泗县段
江苏省	宿迁	中运河宿迁段
	淮安	淮扬运河淮安段
	扬州	淮扬运河扬州段
	常州	江南运河常州城区段
	无锡	江南运河无锡城区段
	苏州	江南运河苏州城区段
浙江省	湖州	江南运河南浔段
	嘉兴	江南运河嘉兴-杭州段
	杭州	
		浙东运河萧山-绍兴段
	绍兴	
		浙东运河上虞至余姚段
	宁波	浙东运河宁波段
		宁波三江口

② 水体遗存

充足的水源供应是保障运河正常运行的前提。在水量不足的区段，尤其是水资源较为匮乏的北方河段，开展水源工程进行水补给是大运河建设的关键。运河水源工程主要是通过开凿渠道引用沿线天然河流、湖泊和泉水等进行水量的补给。

在通济渠的治理中，北宋采取以泥沙较少的洛水代替黄河作为通济渠（汴河）的水源，即"清汴工程"；会通河沿途利用南旺湖、马场湖、南阳湖等15座大型水柜，进行水源储存和调节，减少了水源季节性旱涝对运河水量的影响；元初，郭守敬主持开凿通惠河时建设的白浮瓮山河引泉工程，通过引用白浮泉等水量丰富的地下泉，因势利导、合理规划，其走向与今日京密引水渠大体一致，成功实现引水入京，解决了北京地区水资源较为匮乏的问题……这些引水工程体现了严谨周密的规划构想和科学严谨的测量设计，展现出中国古代水利思想和工程技术的高超水平。被引为水源的河流、湖泊和泉水等为运河的畅通提供了保障，也成为运河的重要遗产构成。

③ 堤坝

堤坝泛指在河流湖泊中修建的挡水、拦水建筑，古代各地根据用途和形式又有多种名称，如运河上又称减水坝、堤岸、堰、埭等。

最初运河上以土料筑坝挡水，土料取材方便，但容易被水冲刷。后来人们在土料中混入草料、秸秆或树枝，此即草土坝，一般用于临时挡水，容易拆除。随后人们又发明了"三合土"，即用糯米浆加灰土和泥土混合筑坝，坝体较为坚固。此外，还有竹络坝，用竹编笼装石块堆砌的挡水坝；石坝，用石材筑坝，是最耐水冲刷和最为长久的堤坝。

最为著名的洪泽湖大堤，是明末著名的治河专家潘季驯提出的"蓄清刷黄济运"的关键工程，即在与淮河相接的洪泽湖东岸的高家堰筑大堤（即现在的洪泽湖大坝），提高淮河水位，使淮河的清水从清口处倒灌黄河，冲刷黄河带入大运河的泥沙，从而使得大运河畅通无阻。洪泽湖大堤初为土堤，后改作砖堤、石堤。大堤自明初始建，至清乾隆四十六年（1781年）完成，前后历时200余年。并经不断加高加固，最终北起武家墩，南至蒋坝，蜿蜒67千米，可谓"长虹万丈，屹立如山"，至今依然雄伟壮丽。

④ 闸

关于"闸"，东汉许慎的《说文》解释"闸，开闭门也"，指闸字本意是开关门。《集韵》："以版有所闭"，就是要用"板"把门挡住。后来引用在控制河道水流的开关为闸。

古代水闸按材料结构可分为叠梁闸板的草闸、木闸、石闸等。叠梁闸是古代最常见的闸型,其闸座大多由条石浆砌,在闸槽中间叠放木闸板,通过绞关将其分次拉起或下放来启闭闸板,达到控制水流的目的。其缺点是闸板间容易漏水,启闭速度较慢。木闸在我国起源较早,汉代称作水门或斗门。木闸建设快、费用省,但容易被水浸腐导致漏水,不能耐久。明清京杭大运河上修建的主要是石闸。石闸又分为一孔闸和多孔闸,运河上节制闸以一孔闸为主,在河堤上泄洪用的闸则常常是多孔闸。

闸门按建设用途可分为进水闸、蓄水闸、节制闸、分水闸、退水闸、排沙闸、泄洪闸和挡潮闸等,通常为了适应水流而与坝结合修建,即所谓闸坝,又名斗门。从平面来看,拦河修建的闸坝多用于节制水量,调节航道水量,改善航运条件。航道侧向闸门或斗门多为调节水量的补水或泄洪。

元代郭守敬开凿通惠河时,由于河道坡降较大,为防止河水流失过快,便在主要干线上建立24座闸门或船闸来节制水流,保障水道行船的畅通。这些闸门合理分布,各有作用:最上游的广源上闸,不仅起到控制水流的作用,还是历代皇帝行船休息、换乘船只的地方;澄清上闸是积水潭的东出口控制闸;会川下闸建于城墙水门旁,控制运河与护城河交叉时的水量。

⑤ 船闸

在坡降大或水源不足的河段,为保持运河航行必要的水深,起初人们通过修建堰埭横截河渠,防止河水走泄。然而堰埭在拦水的同时也阻挡了船只的前进,通常其上下游面需做成较缓的平滑坡面,用人力或畜力牵挽舟船通过,更甚者需要卸货重装到另一侧的船上,既耗时、耗力又容易损坏货物,因此船闸的出现成为必然。

所谓船闸技术指在具有水落差的河流或运河上,设立一对或多对闸门,成对的闸门间有停放船只的仓房(闸室)。船只向河流上游行进时,先将闸室泄水,待室内水位与下游水位齐平,开启下游闸门,让一艘或多艘船只进入闸室,然后关闭下游闸门,开启上游闸门向闸室灌水,待闸室内水位与上游水位齐平时,再打开上游闸门,船只便可直接驶出闸室,进入上游航道。船只向下游行使时,操作顺序相反。

北宋雍熙元年(公元984年),乔维岳在开通沙河运河时,首次在中国水利史甚至世界水利史上开创了船闸技术。这座船闸,史称西河闸,有上下两个闸门,是可升降的平板闸门,闸室长约76米。以其为开端,船闸在北宋迅速发展,逐步取代了堰埭。

针对船闸闸室泄水、蓄水需要时间,且反复开启造成的河水走泄不易补充的问题,宋哲宗绍圣年间,曾孝蕴发明了澳闸进行改进。澳闸就是在船闸旁设置小型水库,积蓄高处流水、雨水或潮水,通过小渠与闸室相连,并用闸门控制,"水多则蓄于两澳,旱则决以注闸"。水澳供水速度更快,且可以把泄出的水储存于水澳中循环使用。

船闸技术增加了运河的通过能力,船只越堰的数量和装载量大为增加,有力地促进了漕运的发展,是水运史上的重要贡献和创新。但维持船闸正常运行需要一套严密的制度来对闸水补充和闸门启闭等进行管理。由于管理懈怠、无法保障制度实行,船闸使用不久又被堰埭替代。

⑥ 桥梁(含纤道)

当运河沿途与陆路交叉时,如同自然河流一样,为了方便两岸出行交通,古代往往会在运河之上建造桥梁来实现跨越沟通。中国大运河上著名的桥梁有万宁桥、八里桥、赵州桥、枫桥、觅渡桥等。

而当运河途经湖泊,尤其是一些大型湖泊时,由于开阔的湖面风浪大、行船危险,需要通过修筑纤道来方便人力或畜力拉纤,确保航行安全。纤道分为一面临水一面临岸和两面临水两种,前者位于湖面不甚宽广处,后者多建于水深、湖面宽阔处,对建设技术要求较高,一般采取实体砌筑或石墩结合石梁的方式修建。其中较为出名的是浙东运河间的绍兴古纤道。

⑦ 粮仓

漕运开始后,为了满足粮食储存、周转和调剂,历代在漕运途中或终点修建粮仓。粮仓一般沿河而建,方便漕粮装卸、出入仓。粮仓包含众多地窖,可供储存大量粮食。其中较为著名的有隋代修建的洛口仓,其选址科学,既位于洛水和黄河的交汇处,也是隋唐大运河的核心地带,便于满足首都洛阳的粮食需求。

⑧ 水利名人和专著

历朝历代在水利工程建设的探索中,出现了众多治水名人。他们的智慧帮助解决了大运河运行过程中的一系列困难和阻碍,帮助成就了运河在水利工程史上的独特成就,至今在运河的历史长流中熠熠生辉。同时,不少有关治水的理念和方略被文字记载和流传下来,成为我们了解历史、解读运河的珍贵资料。

郭守敬(1231—1316),元代著名水利专家。至元八年(1271年)任都水监,主持规划了全国性的京杭大运河建设。其主要成就包括重开金口河、引永定河水通漕运、修建山东运河、开通通惠河等。他当年开创的永定河与白浮引水方案,奠定了今日北京城市引水的格局。

宋礼(1361—1422),明永乐二年(1404年)任工部尚书。永乐九年(1411年),采纳汶上老人白英建议,筑戴村坝,长5里,汇诸泉水至南旺,然后南北分流,解决了元代以来水源困难问题。几十年后,弘治年间朝廷为宋礼在南旺立祠祭祀。

潘季驯(1521—1595),明万历六年(1578年)任总理河漕,规划治理黄淮运,提出了著名的"以堤束水、以水攻沙"理论,成为至今几百年来治理黄河的最重要理论之一。明万历十八年(1590年),其将多年治河经验编辑成《河防一览》传于后世。

在中国大运河历史上,许多治水名臣在对运河治理的过程中形成了相关的治水经验和方略,经整理编辑后形成了一系列水利专著,除了以上提到的《河防一览》《治河方略》外,还有诸如《河防通议》《漕河图志》《治水筌蹄》《行水金鉴》等,均对后世治河者提供了重要的借鉴和参考,是我们不容忽视的重要文化遗产。

4.2　由遗产类型归纳遗产类别

基于前文的梳理,历史脉络涵盖的运河文化遗产类型丰富,主要包括河道遗存、水体遗存、堤坝、闸、船闸、桥梁、码头、治水名人及事迹、水利专著、粮仓、驿站、衙署机构、运河城镇、运河村落、运河历史街区、运河工程建设技艺、运河相关制造技艺、人类口述遗产、表演艺术、传统手工艺、生态与景观环境遗产等。

通过对各遗产类型的历史脉络、共性和特性等的深入讨论,借鉴大运河遗产保护规划和相关的学术研究成果,将中国大运河遗产进一步划分归纳。

首先,运河文化遗产中根据属性分为物质文化遗产和非物质文化遗产两大类别,河道遗存、水体遗存、堤坝、闸、船闸、桥梁、码头、水利名人和专著、粮仓、驿站、衙署机构、运河城镇、运河村落、运河历史街区等属于物质文化遗产,而治水名人及事迹、运河工程建设技艺、运河相关制造技艺、人类口述遗产、表演艺术、传统手工艺等属于非物质文化遗产。物质文化遗产中,又可根据其与运河河道发生的疏密关系,将河道遗存、水体遗存、堤坝、闸、船闸、桥梁等归入水利工程遗产这一类别,将运河城镇、运河村落、运河历史街区归入聚落遗产类别中,余下码头、水利名人和专著、粮仓等则属于其他物质文化遗产;而运河周边水系、土壤、植被等环境与堤坝、闸等主体遗产进行区分,单独归为生态与景观环境遗产这一类别。具体各类遗产的对应分类关系如图4-3所示。

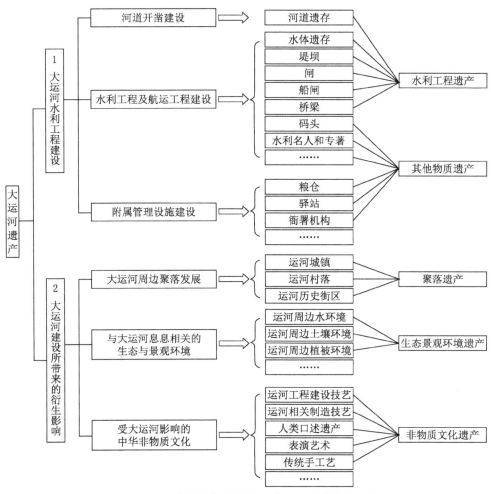

图 4-3 历史脉络视角的中国大运河遗产构成分析

从现有的大运河遗产保护研究看，我们对于运河遗产类型的表述是先入为主的，即由相关编制纲要或研究直接给出遗产类型名称，这难免有失之源头之嫌，缺乏明确的方法论支撑，也会直接导致后续的保护规划缺乏内在的联系而相互隔离，独立作业。而"历史脉络"概念的运用，使得遗产构成研究有据可循，所有遗产类型基于历史脉络展开，进而合并归类，最终的结论虽与相关规划编制中的遗产分类殊途同归，但由于历史脉络的明晰，使得遗产构成脉络化、条理化，也为后期的运河遗产保护可以在历史脉络的基础上相互连通，角色清晰。同时，"历史脉络"概念的运用，也更加明确了大运河保护不仅是为了保护现有的遗产单体，更是为了保护中国大运河的完整历史。

第五章
历史脉络视角的大运河遗产价值评价方法探索

5.1 文化遗产价值概述

"价值"(Value)一词据说来源于拉丁文 valus(堤)、valallo(用堤护住、加固、保护),该词本身具有"珍贵"和"值得重视且加以保护"的意思。价值学则是人类生活中价值及其意识规律和实践方式的科学,是由哲学和各门具体科学关于价值的研究所构成的一门综合学科。遗产类型学、遗产价值学、遗产保护学和遗产管理学四个方面构成了遗产保护学这一具体学科。其中的遗产价值既是遗产保护学的重要内容,也是构成价值哲学的多学科价值学的组成部分[1]。文化遗产的价值是建立在主体——人的认知基础上,是人的一种判断,是人与其所认识对象"文化遗产"之间所存在的一种关系。因而,价值是关系范畴而非实体范畴。

文化遗产的价值评判,是人这个主体与遗产这个客体发生关系后,人们对遗产的有用性或重要性的一种判断。可以说,遗产价值除了内在的客观存在的年代价值等要素之外,几乎都是主观价值。

5.2 国内相关文件对遗产及其价值的表述

自20世纪50年代,我国实行全国范围内的遗产资源调查登记,至今已出台更新了数轮文化遗产的相关法律文件,由此可以简要梳理新中国成立以来我国在遗产认知及保护上的发展过程。早期,我国法律文件中出现的专用名词是"文物","文物"二字最早出现在春秋战国,是礼乐和典章制度的统称,而后也包含世代流传的古物、文献等。区别于"古董"作为一种对民对商的民间说法,"文物"则是国家出于保护目的的一种指代,且不只是古代流传的,现代优秀的文化产物都可以被列入"文物"范畴。20世纪之后,"文物"逐渐被定义为具有历史、艺术、科学价值的遗物和遗迹。近年来,随着国际理念的引进和学习,"文化遗产"一词渐入国人视线,2005年国务院颁发《关于加强文化遗产保护的通知》(国发〔2005〕42号),文件中正式启用"文化遗产"这一专有名词,并说明其包含了可移动文物、不可移动文物和非物质文化遗产。

以下就"文化遗产"中就遗产及其价值描述为主题展开,以认知文化遗产及其价值概念在我国法律文件中的发展历程(表5-1)。

表5-1 我国法律文件中有关"文化遗产"及价值描述的概念及发展

相关法律及 指导性文件	遗产名称	遗产指代内容	价值描述
《关于在基本建设工程中保护历史及革命文物的指示》(1953)	文物、建筑	地面古迹、古建筑、革命纪念建筑、地上地下文物、古墓葬、古文化遗址、古生物化石	具有重大历史意义
《文物保护管理暂行条例》(1962)	文物	① 具有历史、艺术、科学价值的古文化遗址、古墓葬、古建筑、石窟寺、石刻等; ② 与重大历史事件、革命运动和重要人物有关的,具有纪念意义和史料价值的建筑物、遗址、纪念物等; ③ 各时代有价值的艺术品、工艺美术品; ④ 革命文献资料以及具有历史、艺术和科学价值的古旧图书资料; ⑤ 反映各时代社会制度、社会生产、社会生活的代表性实物	历史、艺术、科学价值
《中华人民共和国文物保护法》(1982,1991)	文物	① 具有历史、艺术、科学价值的古文化遗址、古墓葬、古建筑、石窟寺和石刻; ② 与重大历史事件、革命运动和著名人物有关的,具有重要纪念意义、教育意义和史料价值的建筑物、遗址、纪念物; ③ 历史上各时代珍贵的艺术品、工艺美术品; ④ 重要的革命文献资料以及具有历史、艺术、科学价值的手稿、古旧图书资料等;	历史、艺术、科学价值

(续表)

相关法律及指导性文件	遗产名称	遗产指代内容	价值描述
		⑤ 反映历史上各时代、各民族社会制度、社会生产、社会生活的代表性实物； ⑥ 具有科学价值的古脊椎动物化石和古人类化石； ⑦ 文物特别丰富、具有重大历史价值和革命意义的城市（历史文化名城）	
《中国文物古迹保护准则》(2000)	文物古迹	文物古迹指人类在历史上创造或人类活动遗留的具有价值的不可移动的实物遗存，包括地面与地下的古文化遗址、古墓葬、古建筑、石窟寺、石刻、近现代史迹及纪念建筑、由国家公布应予以保护的历史文化街区（村镇）以及其中原有的附属文物	历史、艺术、科学价值
《中华人民共和国文物保护法》(2002,2013)	文物	① 具有历史、艺术、科学价值的古文化遗址、古墓葬、古建筑、石窟寺和石刻、壁画； ② 与重大历史事件、革命运动或者著名人物有关的以及具有重要纪念意义、教育意义或者史料价值的近代现代重要史迹、实物、代表性建筑； ③ 历史上各时代珍贵的艺术品、工艺美术品； ④ 历史上各时代重要的文献资料以及具有历史、艺术、科学价值的手稿和图书资料等； ⑤ 反映历史上各时代、各民族社会制度、社会生产、社会生活的代表性实物； ⑥ 具有科学价值的古脊椎动物化石和古人类化石； ⑦ 保存文物特别丰富并且具有重大历史价值或者革命纪念意义的城镇、街道、村庄	历史、艺术、科学价值

(续表)

相关法律及指导性文件	遗产名称	遗产指代内容	价值描述
《关于加强文化遗产保护的通知》（2005）	文化遗产	文化遗产包含物质文化遗产与非物质文化遗产；物质文化遗产是具有历史、艺术和科学价值的文物，类型同文物保护法中的描述，以及在建筑式样、分布均匀或与环境景色结合方面具有突出普遍价值的名城、街区、村镇；非物质文化遗产是指各种以非物质形态存在的与群众生活密切相关、世代相承的传统文化表现形式，包括口头传统、传统表演艺术、民俗活动和礼仪与节庆、有关自然界和宇宙的民间传统知识和实践、传统手工艺技能等以及与上述传统文化表现形式相关的文化空间	历史、艺术和科学价值
《中国文物古迹保护准则》（2015）	文物古迹	文物古迹指所有地面、地下、水下的不可移动文物，既包括各级文物保护单位，也包括经文物普查确定为文物的对象，包括古文化遗址、古墓葬、古建筑、石窟寺、石刻、近现代史迹及代表性建筑、历史文化名城名镇、文化景观、十二世纪遗产、文化线路、遗产运河、工业遗产等及非物质文化遗产	历史价值、艺术价值、科学价值以及社会价值和文化价值。社会价值包含了记忆、情感、教育等内容；文化价值包含了文化多样性、文化传统的延续及非物质文化遗产要素等相关内容；文化景观、文化线路、遗产运河等文物古迹还可能涉及相关自然要素价值
《中华人民共和国文物保护法》（2017）	文物	① 具有历史、艺术、科学价值的古文化遗址、古墓葬、古建筑、石窟寺和石刻、壁画； ② 与重大历史事件、革命运动或者著名人物有关的以及具有重要纪念意义、教育意义或者史料价值的近现代重要史迹、实物、代表性建筑；	历史、艺术和科学价值

（续表）

相关法律及指导性文件	遗产名称	遗产指代内容	价值描述
		③ 历史上各时代珍贵的艺术品、工艺美术品； ④ 历史上各时代重要的文献资料以及具有历史、艺术、科学价值的手稿和图书资料等； ⑤ 反映历史上各时代、各民族社会制度、社会生产、社会生活的代表性实物； ⑥ 具有科学价值的古脊椎动物化石和古人类化石； ⑦ 保存文物特别丰富并且具有重大历史价值或者革命纪念意义的城市、城镇、街道、村庄	

由表5-1可以看出，我国相关文件中对于遗产内涵和价值的认知一直在不断完善，一方面大规模城乡发展建设使更多遗产资源被发现和重视；另一方面我国遗产保护不断与国际先进理念接轨，学习借鉴国际优秀的遗产保护做法，并融合国情进行探索。如2000年出版的《中国文物古迹保护准则》是由中国国家文物局与美国盖蒂保护所、澳大利亚遗产委员会合作编制的；2015版的《中国文物古迹保护准则》是由中国国家文物局和美国盖蒂保护所合作编制。

随着国家遗产领域有关遗产类型的不断增加，2015版的《中国文物古迹保护准则》中新增加了文化景观、十二世纪遗产、文化线路、遗产运河、工业遗产等遗产类型，但我们应看到，中国地大物博，有着五千年的古代文明，其蕴含的大尺度、跨区域遗产资源是非常丰富的，长城、大运河、茶马古道、丝绸之路等这类遗产无不见证了我国古代劳动人民的智慧和文明创举，而我国有关这类新型遗产的保护方法和理念还在探索阶段。

就价值评价而言，2015年之前的国家层面的法律文件中对文化遗产的价值阐述都是普遍的三大价值：历史价值、艺术价值和科学价值。而2015版的《中国文物古迹保护准则》在原有遗产普遍价值即历史价值、艺术价值、科学价值的基础上增加了社会价值和文化价值，但其内涵和外延表述较为模糊，而就大型遗产的价值评估方法仍缺乏针对性的展开。

5.3 大运河价值评价的理论与现实意义

目前在国际遗产保护领域,价值议题已成为遗产保护工作的核心。《巴拉宪章》、美国国家公园管理局以及许多政府与非政府部门都采纳了以价值为导向的遗产保护方法。该方法旨在使价值在保护决策中发挥积极作用,并希望通过价值使遗产保护与其他领域和社会整体有更多的互动。

中国大运河被列入《世界遗产名录》,意味着大运河的价值已经置顶于价值链。对大运河遗产价值的认定既是遗产保护的基础性工作,也是实行有效保护的重要前提和依据。因此,对大运河复杂的遗产体系、价值议题和评价方法的探索迫切且必要。

大运河遗产价值评价的现实意义包括以下四点。

① 为保护中华及世界文明作出贡献。大运河作为世界上唯一一个为了确保粮食运输安全以达到稳定政权、维持国家统一,由国家开凿、政府管理的巨大工程体系,体现了以农业立国的集权国家高度建制化下独有的漕运文化传统,展现了农业文明时期人工运河发展的悠久历史阶段,代表了工业革命前土木工程的杰出成就,是中国智慧的结晶,也是中国贡献给世界的一份宝贵遗产。建立大运河遗产整体性价值体系,是为保护中华文明、体现文化多样性、提高中华民族文化自信作出贡献。

② 是方法论的探索。在目前我国遗产法律框架下,对于如何实施遗产价值的评估还有待建立评估的方法学。就大运河"巨尺度"且"活态"的遗产,其遗产认定及价值评估目前还未形成共识,这也是导致大运河遗产保护面临困境的重要原因。本项目借鉴美国遗产保护领域的重要方法学基础——历史脉络,对大运河遗产的认定和价值评估进行方法论的探索。这为理出有中国特色的文化遗产价值建构有参考价值,亦对中国其他大尺度系列遗产(如长城、丝绸之路、茶马古道等)的价值评估具有借鉴意义。

③ 是保护决策的重要依据。2015 版《中国文物古迹保护准则》(简称《准则》)第 4 条:保护必须按照本《准则》规定的程序进行。价值评估应置于首位,保护程序的每一步骤都实行专家评审制度。我国大运河遗产目前尚没有完善的价值评估程序,这容易使得大运河遗产相关的保护、利用缺乏焦点。通过对大运河遗产整体性价值的全面建构和科学评估,为大运河遗产保护、规划与管理,及相关制度的建设提供重要依据。

④ 作为整合大运河遗产保护跨学科研究的工具。中国大运河"活态"遗产具有高度的复杂性与动态性,重货运输、水资源调配、水利设施建设、沿岸土地开发等方面的管理涉及多级、多个利益相关者,涵盖历史、社会、文化、经济等脉络,通过对大运河遗产价值的多元化认知,整合价值视野,使不同领域的人士藉由价值平台沟通对话,为大运河遗产的跨学科研究提供整合平台。

5.4 价值评价整体思路

本研究借鉴美国遗产保护领域的"历史脉络"方法,学习国际先进的遗产保护理念,结合我国国情,以我国文化遗产保护法律法规为指导,遵从《大运河遗产保护规划编制纲要》,试图探讨我国大运河遗产整体性价值评价的思路与方法(图5-1)。

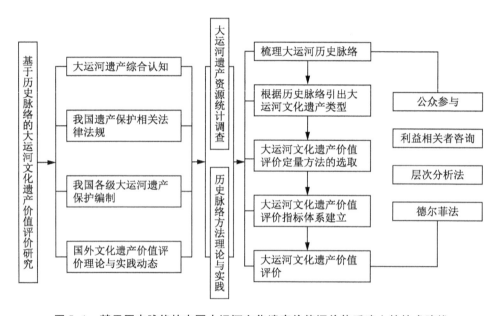

图5-1 基于历史脉络的中国大运河文化遗产价值评价体系建立的技术路线

借鉴"历史脉络"的整体性思想,从大运河演变发展的历史脉络着手,明确遗产类型,进而根据《大运河遗产保护规划编制纲要》初步确定遗产资源。由于美国的遗产价值评价又分别对应于联邦级、州级及城市级不同等级的标准,而我国遗产价值评价模式完全与之不同,因而,在本研究的价值评价中,结合我国国情,借鉴"历史脉络"的概念,融入国际遗产保护领域中的"利益相关者"和"公众参与"等先进理念,构建大运河价值评价指标体系,进而对不同类型的遗产资源单体分别进行价值评价。

5.5 决策方法的选取

目前价值评价相关研究中使用率较高的两种方法是层次分析法和灰色聚类法,两者都是基于若干有序层次,将每一层所有元素的相对重要性定量表示。不同之处在于,层次分析法先通过打分确定权重而后量化评分,人为因素影响较大,但方法体系成熟,被广泛应用于各个领域;而灰色聚类法是先评分,后通过数学方法计算权重,人为因素影响较小,但因采样点的数据少,分析难以详细,所以应用略少。鉴于本研究中的评估体系需综合参考"利益相关者"的意见,层次分析法更有助于直观反映利益相关者对议题的协商结果,因而本研究选用层次分析法作为评价体系构建的决策方法。

5.5.1 层次分析法的原理与特点

层次分析法(Analytic Hierarchy Process),简称 AHP 法,是美国运筹学家 Thomas L. Saaty 于 20 世纪 70 年代提出的一种定性分析与定量分析相结合的多目标决策分析方法。AHP 是将系统的复杂问题中的各种因素,通过划分为相互联系的有序层次,使之条理化,根据对一定客观现实的判断就每一层次相对重要性给予定量表示,利用数学方法确定表达每一层次的全部元素的相对重要次序的权值,并通过排序的结果分析和解决问题的一种决策分析方法。

层次分析法可以对非定量事件作定量分析,以及对人的主观判断作出定量描述。该方法适用于多目标、多因素、多准则、难以全部量化的大型复杂系统,对目标(或因素)结构复杂并且缺乏必要数据的情况也比较适用[2]。

该方法的基本原理是首先将决策目标分解为不同的组成因素或评价指标,并以不同层次进行聚集组合,形成一个多层次的、有明确关系的、条理化的分析评价结构模型。通过构建以 1 至 9 比率法表示的判断矩阵,同时计算出判断矩阵的最大特征根以及相应的特征向量,求出某层因素相对于上层某一因素的相对重要性的权值。这是一种定性与定量分析相结合的计算权重的方法。应用这种方法,决策者通过将复杂的事物或者问题分解成若干个层次或若干个因素,并在各个因素之间进行简单的判断比较和计算,就可以对不同的对象或方案提供评价,并作出决策。

AHP 有其不同于其他决策分析方法的突出特点:① 原理简单。其原理清晰、简明,易于被大多数领域的学者所接受。② 结构化、层次化。将复杂的问题转化为具有结构和层次关系的简单问题求解。③ 理论基础扎实。AHP 建立在严格的矩阵分析方法上,有扎实的理论基础。④ 定性与定量相结合。大部分复杂的决策问题都同时含有许多定性与定量的因素,AHP 契合了人们对这类决策问题研究的需要。

应用 AHP 解决复杂问题的基本思路是:将决策目标按总目标、子目标、评价标准等顺序分解为不同层次的结构,然后利用求判断矩阵特征向量的方法,求出每层次的各元素对上层次某元素的权重,最后用加权和的方法递阶归并,求出各方案总目标的权重。权重越大,该因素越重要,权重最大者即为最优方案。基本步骤包括:1. 明确问题,建立层次结构模型;2. 构造判断矩阵;3. 层次单排序及一致性检验;4. 层次总排序及一致性检验;5. 最终决策。

(1) 建立层次结构模型

运用 AHP 进行系统分析时,首先是把系统所包含的因素进行分组,每一组作为一个层次,按照最高层、若干有关的中间层和最低层的形式排列起来,构成一个各因素之间相互联结的层次结构模型。因素的分类要由具体问题的分析而定,没有固定的模式,一般情况下可以考虑如图 5-2 所示的层次结构模型。图 5-2 中,最高层表示解决问题的目的,即应用 AHP 所要达到的最终目的;中间层表示采用某种措施和政策来实现预定目标所涉及的中间环节,一般又分为策略层、约束层、准则层等,图中采用的是准则层;最低层表示解决问题的措施或政策(即方案)。

图中方框之间的连线表示在不同层次的因素之间存在关系。

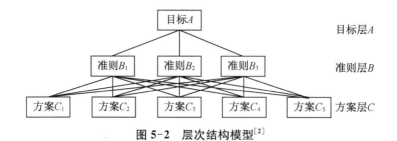

图 5-2 层次结构模型[2]

(2) 构造判断矩阵

AHP 的数据信息基础是人们对每一层次各因素的相对重要性给出的判断。将这些判断用数值以矩阵的形式表示出来就是判断矩阵。

判断矩阵中各元素表示针对上一层次某因素而言,本层次与之有关的各因素之间的相对重要性。比较每一个下层相关元素 B_i、B_j 之间对于上层某元素

A_k 的相对重要性,即构成如下一组多元素的判断矩阵 B(表 5-2)。

表 5-2　各元素相对重要性的判断矩阵

A_k	B_1	B_2	$\cdots$	B_j	$\cdots$	B_n
B_1	b_{11}	b_{12}	$\cdots$	b_{1j}	$\cdots$	b_{1n}
B_2	b_{21}	b_{22}	$\cdots$	b_{2j}	$\cdots$	b_{2n}
$\vdots$	$\vdots$	$\vdots$		$\vdots$		$\vdots$
B_i	b_{i1}	b_{i2}	$\cdots$	b_{ij}	$\cdots$	b_{in}
$\vdots$	$\vdots$	$\vdots$		$\vdots$		$\vdots$
B_n	b_{n1}	b_{n2}	$\cdots$	b_{nj}	$\cdots$	b_{nn}

注:其中,b_{ij} 是对于 A_k 而言,B_i 对 B_j 的相对重要性的数值表示,b_{ij} 是 b_i 与 b_j 的比值,通常用表 5-3 所示的 1-9 比例标度法规定量化指标。

表 5-3　比例标度法

两元素对上层元素影响比较	相等	稍微重要	明显重要	强烈重要	极端重要
矩阵中对应结点 b_{ij}	1	3(1/3)	5(1/5)	7(1/7)	9(1/9)

由上述可得,任何判断矩阵都应满足 $b_{ij}=1/b_{ji}$,且 $b_{ij}=1(i,j=1,2,3,\cdots,n)$。事实上,对于 n 阶判断矩阵,仅需要对 $n(n-1)/2$ 个矩阵元素给出数值[3]。

(3) 层次单排序及一致性检验

层次单排序即将每层内的元素进行排序。根据某一层次的判断矩阵,利用和积法或方根法,计算出该层次各因素之间对上一层次某因素的相对重要性的权值,然后根据权值排列次序。

层次单排序可以归结为计算判断矩阵的特征值和特征向量的问题。即对判断矩阵 **B**,计算满足 $BW=\lambda_{\max}W$ 的最大特征值 $\lambda_{\max}$ 和对应的、经过归一化的特征向量 W,其中特征向量 $W=(W_1,W_2,\cdots,W_n)$,就是 $B_1,B_2,\cdots,B_n$。对于上一层次元素 A_k 的单排序的权值,W 的元素和 A_k 的下层各元素是一一对应的。

这里涉及如何判断矩阵的最大特征值 $\lambda_{\max}$ 及其特征向量 W 的计算问题,也是层次分析法中的主要计算问题。一般有两种计算方法:和积法和方根法。本研究是采用和积法。

和积法计算步骤如下:

① 将判断矩阵按列归一化

$$\overline{b_{ij}}=\frac{b_{ij}}{\sum_{j=1}^{n}b_{ij}}\quad i,j=1,2,\cdots,n$$

② 每列归一化后的判断矩阵按行相加

$$\overline{W_1} = \sum_{j=1}^{n} \overline{b_{ij}} \quad j=1,2,\cdots,n$$

③ 对向量 $W=(W_1,W_2,\cdots,W_n)^T$ 归一化

$$W_i = \frac{\overline{W_i}}{\sum_{j=1}^{n} \overline{W_j}} \quad j=1,2,\cdots,n$$

得到的 $W=[W_1,W_2,\cdots,W_n]^T$ 即为所求特征向量。

④ 计算判断矩阵最大特征值

$$\lambda_{\max} = \sum_{i=1}^{n} \frac{(AW)_i}{nW_i}$$

式中，$(AW)_i$ 表示向量 AW 的第 i 个分量。

而最大特征值 $\lambda_{\max}$ 是用来检验判断矩阵 **B** 的一致性。检验判断矩阵的一致性就是检验其合理性，由于在进行因素两两比较时的价值取向和定级技巧等原因，可能会出现甲比乙重要、乙比丙重要、丙比甲重要的逻辑错误和重要性等级赋值的非等比性等情况，因此必须对判断矩阵的合理性程度以及可接受性进行鉴别。通常，定义一致性指标衡量判断矩阵的不一致程度：

$$CI = \frac{\lambda_{\max} - n}{n-1}$$

一般情况下，$CI>0$，即 $\lambda_{\max}>n$。CI 越小，表示一致性越好，即 $\lambda_{\max}$ 稍微大于 n 就是满意的。$CI=0$，即满足 $\lambda_{\max}=n$，则判断矩阵 **B** 完全一致，这时判断矩阵有最大特征值 n。实际操作中，判断矩阵 **B** 是否具有一致性，是将 CI 与平均随机一致性指标 RI 进行比较。一般情况下，RI 的值如表 5-4 所示。而如果 n 的数值较大，就需要通过计算得出 RI 值。

表 5-4 平均随机一致性指标

矩阵阶数	1	2	3	4	5	6	7	8	9
RI	0	0	0.58	0.90	1.12	1.24	1.32	1.41	1.45

一阶、二阶判断矩阵总是具有一致性，所以不必检验。当判断矩阵的阶数大于 2 时，用 CR 判断矩阵的随机一致性比例：

$$CR = CI/RI$$

如果 $CR < 0.10$,就认为矩阵具有满意的一致性,可根据 $W_1, W_2, \cdots, W_n$ 的大小将 $B_1, B_2, \cdots, B_n$ 排序;否则需要调整判断矩阵,重新估计 b_{ij},再进行检验。

(4) 层次总排序及一致性检验

当针对上一层次 A 中 m 个因素 $A_1, A_2, \cdots, A_m$,逐个对 B 层次中的 n 个因素 $B_1, B_2, \cdots, B_n$ 进行单排序(即进行了 m 次单排序)后,就可以利用这些结果对整个 A 层次得到 $B_1, B_2, \cdots, B_n$ 的一组权值,作为 B 层次各因素按重要性排序的依据,这就是层次总排序。

层次总排序是逐层间的元素排序,从上到下、顺序逐层,计算同层各元素对于最高层的相对重要性权值。由于最高层就是一个元素,所以最高层下面的一层的单排序就是总排序。例如,C 层元素通过 B 层元素对 A 元素的相对重要性可以表示成如表 5-5 矩阵的形式。

表 5-5 C 层元素通过 B 层元素对 A 元素的相对重要性矩阵

层次 B 元素	B_1	B_2	B_i	B_m	C 层总排序
层次 B 权值	b_1	b_2	b_i	b_m	
层次 C 元素 C_1	$c_1(1)$	$c_1(2)$	$\cdots$	$c_1(m)$	$\sum b(i)c_1(i)$
C_2	$c_2(1)$	$c_2(2)$	$\cdots$	$c_2(m)$	$\sum b(i)c_2(i)$
C_i	$\cdots$	$\cdots$	$c_i(i)$权值	$\cdots$	$\cdots$
C_n	$c_n(1)$	$c_n(2)$	$\cdots$	$c_n(m)$	$\sum b(i)c_n(i)$

对层次总排序也要进行一致性检验。记对 A_k 中行 B 层次单排序的一致性指标是 CI,相应的平均随机一致性指标是 RI,则定义总排序的一致性指标和总排序的平均随机一致性指标

$$CI = \sum_{i=1}^{n} a_i CI_i$$

$$RI = \sum_{i=1}^{n} a_i RI_i$$

如上所述,当 $R = CI/RI \leq 0.10$ 时,认为层次总排序的一致性是满意的。

(5) 最终决策

按层次分析法一层一层往下进行总排序,最终可得备选方案的总排序,从而

可确认最佳方案。

5.5.2 德尔菲法

德尔菲法(Delphi Method)由 N. Dekey 和 O. Helmer 于 20 世纪 40 年代首次提出,后经过 T.J. 戈尔登和兰德公司的实践完善进一步发展而成。它遵照系统的程序,采取匿名发表意见的方式,要求征询对象之间互不相识、互不往来,只与调查人员联系。通过多轮次调查征询对象对所提问题的意见,由调研人员集中组织,进行反复的征询、汇总、修改、检核,最后得出较为一致的意见。德尔菲法的优点在于它保证被征询者独立性的同时又能够集思广益,对分歧点的讨论上取各家之长而避其短,准确度高。因此这种方法在预测领域和各种评价指标体系的建立中都有广泛应用。

5.5.3 合理性与可行性分析

从系统科学的角度看,大运河遗产是一个资源整合的整体系统,具有系统的最基本特点,它涉及的遗产资源不仅数量巨大、类型众多,且相互之间具有一定的关联性,遗产资源本体同时含有很多定性和定量的因素,而层次分析法(AHP)是现代决策分析方法中定性与定量相结合、解决复杂系统问题的一种相对比较科学有效的方法。

事实上,AHP 是对于分析、综合这种思考过程提供了一种数学表达及数学处理方法,是一种思维工具。遗产资源的分析评价是一个受多因素影响的系统工程,各因素之间的关系错综复杂。而层次分析法的本质是使人的思维条理化、层次化,它充分利用人的经验,并予以量化、进行排序,帮助辅助分析和决策。本研究结合大运河遗产的自身特点,借助层次分析法和德尔菲法科学地建立大运河遗产资源评价的层次结构模型,并综合评分,使评价过程更加科学、评价结果更加可信。

5.6 指标体系的构建

中国大运河是以运河水利工程建设遗产为主体,包含运河衍生遗产的多元化、形式多样化的复杂系统。基于"历史脉络"的整体性思想,遵循客观性、科学性、可操作性原则选取评价指标因子,融入"利益相关者"和"公众参与"的理念,构建大运河遗产资源价值评价指标体系,运用层次分析法和德尔菲法进行定量分析，计算出大运河遗产评价指标的权重，再运用模糊记分法对每项资源进行评价打分，得到遗产资源的综合得分情况，最后根据综合得分结果和实际情况对苏南段运河遗产资源进行评价与界定。

5.6.1 评价指标体系的总体框架

基于前文总结的大运河历史脉络，在此基础上展开脉络下的遗产评估，借鉴美国遗产领域的价值评价方法，结合《中国文物古迹保护准则》的评估程序与内容，本研究分三级指标体系构建大运河遗产价值评估的框架，第一级指标为历史脉络的价值评估；第二级指标主要参照《中国文物古迹保护准则》对价值评估的内容阐述，从三大方面，即与历史脉络的关联性、遗存现状和遗存价值进行评估；第三级指标为在第二级指标的基础上进一步进行细化。

5.6.2 评价指标体系的内涵与细化

(1) 二级指标的内涵

与历史脉络的关联度主要体现在与脉络描述的主题、年代及地理位置等重要信息的匹配程度，可以具体分解为与运河主题的相关度、始建年代久远度和与大运河位置的关联度。

遗存现状主要是指实地调查时文化遗产的客观现状，主要包括真实性和完整性。评估的具体因素有：① 对文化遗产历史信息的核实确认；② 了解周边自然、社会环境，并明确当前环境对文化遗产的直接或间接影响；③ 确认遗产结构稳定性和材料受损情况；④ 观察遗产整体规划设计风貌被改造破坏程度；⑤ 评估现实功能利用情况。

遗存价值从艺术、科学、社会、文化等方面考虑，不同脉络有不同的评价指标，主要包含：① 在同类遗产中的稀缺性；② 工艺水平或规划技术；③ 整体景观特色或建筑装饰等艺术特色；④ 环境协调度；⑤ 群众认可度。

(2) 三级指标的生成

本研究试图借鉴国际遗产领域的"利益相关者"重要概念，但"利益相关者"的真正实施需要从整个社会环境及体制上去改变。由于研究者个人的影响力和能力所限，本研究中无法真正做到征求多数利益相关者的意见。但在评价指标的选取上，为了避免主观性，研究聘请了运河博物馆、运河研究院、水利部门、城市规划建设部门、遗产研究人员等十位专家学者，他们都是工作在大运河相关领域第一线的人员。三级指标的生成过程通过了两轮基于专家学者的问卷调查：

第一轮请相关行业人员及专家学者初步确定评价指标,并为其权重赋值;第二轮在汇总第一轮数据资料的基础上调整指标选项,再次征求各专家的意见,直到大家在指标的选取及权重赋值上基本达成共识。

其中,与历史脉络的关联性指标的生成,借鉴美国国家公园管理局基于历史脉络对遗产资源评估的标准:

① 确认遗产从哪个视角(主题、地理位置、年代)关联历史脉络,并评估其重要性;

② 确定脉络主题在地方、州、联邦中的重要性;

③ 确定遗产类型在相关历史脉络中的重要性;

④ 确定遗产是如何通过具体的历史联系、建筑、工程价值或潜在信息来体现历史脉络;

⑤ 确定遗产需要具备什么外貌特点才能反映出历史脉络的重要性。

由此可见,评估遗产资源与历史脉络的关联性主要考虑以下几个方面:① 与遗产资源相关的历史脉络的重要性评估;② 与脉络关联的要素;③ 与脉络关联的具体信息;④ 体现脉络重要性的形式或功能。

其他指标的生成过程可分为以下三步。

第一步:指标初步遴选

参照《中国文物古迹保护准则》(2015)、《中国大运河江苏段遗产保护规划》(2012)、《大运河遗产保护第二阶段规划编制要求》(2009)等相关文件,参考相关学术研究成果,初步整理大运河文化遗产评价指标(表5-6)。

表5-6 基于历史脉络的大运河文化遗产价值评价指标初步遴选

一级指标层(脉络)	二级指标层	三级指标层
脉络1 大运河水利工程建设	与脉络相关性	主题相关度
		年代久远度
		距大运河位置远近度
	遗存现状	原真性
		完整性
		延展性
	遗存价值	科技代表度
		历史信息携带量

(续表)

一级指标层(脉络)	二级指标层	三级指标层
		规划/设计/材料/工艺的水平
		情感归属价值
		环境协调度
		遗产保护级别
脉络2 大运河建设所带来的衍生影响	与脉络相关性	主题相关度
		年代久远度
		距大运河位置远近度
	遗存现状	原真性
		完整性
		延展性
	遗存价值	代表当时期工程的特点
		历史信息携带量
		规划/设计/材料/工艺的水平
		情感归属价值
		整体景观特色
		遗产保护级别

第二步：第一轮问卷调查与意见汇总

整理编制《大运河物质文化遗产价值评价体系问卷(第一轮)》，在各咨询者相互独立的情况下，请他们评判各指标，并对其权重进行赋值(参见附录1)。

本研究在第一轮问卷调查中，发出十份，收回十份，回收率为100%。各专家学者对评价指标进行了评判与权重赋值，其中六位在"您的意见"一栏中写下了意见或依据(表5-7、表5-8)。

从汇总资料可知，十位专家学者对评价指标的选取表现出一定的共识，尤其是对遗存现状的三级指标的选取上，而对于历史脉络和遗产价值的三级指标的选取存在部分争议，经分析，部分原因来源于对"历史脉络"概念的理解存在偏差。

表5-7 第一轮"大运河水利工程建设"脉络下遗产资源评价指标调研统计

支持情况	指标	主要意见
普遍认可 （支持率90%～100%）	脉络主题相关度	—
	脉络年代相关度	细化，指明如何相关
	脉络位置相关度	细化，指明如何相关
	原真性	指代不清，应按照《中国文物古迹保护准则》进行
	完整性	—
	环境协调度	—
	规划/设计/材料/工艺的水平	选项分散，应适当合并
	遗产保护级别	—
有争议 （支持率50%～90%）	情感归属价值	泛化，应指明何种情感
	科技代表度	泛化，应指明在同类工程中
基本否定 （支持率<50%）	历史信息携带量	泛化，难以落实
	延展性	与《世界遗产公约操作指南》中内容不符，应按此进行

表5-8 第一轮"大运河建设所带来的衍生影响"脉络下遗产资源评价指标调研统计

支持情况	指标	主要意见
普遍认可 （支持率90%～100%）	脉络主题相关度	—
	脉络年代相关度	细化，指明如何相关
	脉络位置相关度	细化，指明如何相关
	原真性	指代不清，应按照《中国文物古迹保护准则》进行
	完整性	—
	规划/设计/材料/工艺的水平	选项分散，可适当合并为工艺和规划
	整体景观特色	—
	遗产保护级别	—
有争议 （支持率50%～90%）	情感归属价值	泛化，应指明何种情感
	代表当时期工程的特点	泛化，应指明在同类工程中

(续表)

支持情况	指标	主要意见
基本否定 (支持率<50%)	历史信息携带量	泛化,难以落实
	延展性	与《世界遗产公约操作指南》中内容不符,应按此进行

第三步:第二轮问卷调查与意见汇总

在对第一轮问卷结果进行整理统计后形成《大运河物质文化遗产价值评价体系问卷(第二轮)》,并且对各专家就"历史脉络"概念及其应用进行深入沟通与交流,在此基础上,仍然请这十位专家进行第二轮评判与赋值(参见附录2)。

第二轮问卷,发出十份,收回十份,回收率为100%。各咨询者对评价指标再次进行了权衡与权重赋值,其中有两位专家在"您的补充意见"一栏中写下了自己的意见(或依据)(表5-9、表5-10)。

表5-9 "大运河水利工程建设"脉络下遗产价值评价问卷调查意见统计

	价值评价指标	第一轮支持率(%)	第二轮支持率(%)	基于问卷咨询的第二轮指标权重判断									
一级指标	与脉络相关性	100	100	30	30	25	40	35	30	25	40	50	25
	遗存现状	100	100	25	30	25	30	20	30	25	30	20	30
	遗存价值	100	100	45	40	50	30	45	40	50	20	30	45
二级指标	与脉络相关性 - 主题相关度	100	100	50	60	55	70	50	70	80	60	60	60
	与脉络相关性 - 年代久远度	100	100	30	25	25	20	25	10	10	10	10	20
	与脉络相关性 - 距大运河位置远近度	100	90	20	15	20	10	25	20	10	30	10	20
	遗存现状 - 真实性	100	100	60	50	50	55	40	30	50	45	55	60
	遗存现状 - 完整性	100	100	40	50	50	45	60	70	50	55	45	40
	遗存价值 - 同类遗产中稀缺性	80	100	25	20	15	25	35	25	35	30	30	40
	遗存价值 - 环境协调度	100	100	10	15	25	10	15	10	15	20	10	15
	遗存价值 - 群众认可度	80	90	25	30	20	25	15	15	25	10	30	20

(续表)

	价值评价指标	第一轮支持率（%）	第二轮支持率（%）	基于问卷咨询的第二轮指标权重判断									
	工程技术及运营水平	100	100	15	10	15	10	15	15	10	20	20	10
	遗产保护级别	100	100	25	25	25	30	20	35	15	20	10	15

表5-10 "大运河建设所带来的衍生影响"脉络下遗产价值评价问卷调查意见统计

	价值评价指标		第一轮支持率（%）	第二轮支持率（%）	基于利益相关者咨询的第二轮指标权重判断									
一级指标	与脉络相关性		100	100	30	25	25	20	35	30	25	35	30	35
	遗存现状		100	100	25	35	20	30	20	25	25	20	30	30
	遗存价值		100	100	45	40	55	50	45	40	50	45	40	35
二级指标	与脉络相关性	主题相关度	100	100	50	60	45	60	55	70	80	60	50	50
		年代久远度	100	100	30	15	35	25	25	10	10	10	20	25
		距大运河位置远近度	100	90	20	25	20	15	20	20	10	20	30	25
	遗存现状	真实性	100	100	60	40	55	30	40	45	55	45	55	60
		完整性	100	100	40	60	45	70	60	55	45	55	45	40
	遗存价值	同类遗产中稀缺性	90	100	20	25	15	25	20	20	25	20	20	25
		建筑及装饰特色	—	100	10	10	25	15	15	10	15	15	10	15
		工程技术及运营水平	80	90	20	20	20	15	15	20	15	10	20	10
		群众认可度	80	100	15	10	15	20	10	15	15	20	10	15
		整体景观特色	90	90	15	10	15	10	15	15	10	20	20	10
		遗产保护级别	100	100	20	25	10	15	25	20	20	15	20	25

经两轮问卷调查后,十位咨询者对评价指标的选取基本达成共识,经整理得出基于历史脉络的大运河遗产价值评价指标体系(表 5-11)。

表 5-11 基于历史脉络的大运河文化遗产价值评价指标体系

目标层	一级指标层(脉络)	二级指标层	三级指标层
基于历史脉络的大运河文化遗产价值评价	脉络 1 大运河水利工程建设	与脉络相关性	主题相关度
			年代久远度
			距大运河位置远近度
		遗存现状	真实性
			完整性
		遗存价值	同类遗产中稀缺性
			工程技术及运营水平
			群众认可度
			环境协调度
			遗产保护级别
	脉络 2 大运河建设所带来的衍生影响	与脉络相关性	主题相关度
			年代久远度
			距大运河位置远近度
		遗存现状	真实性
			完整性
		遗存价值	同类遗产中稀缺性
			工艺水平及规划技术
			整体景观特色
			建筑及装饰特色
			群众认可度
			遗产保护级别

5.6.3 指标权重的量化

(1) 历史脉络权重确定

运用德尔菲法,邀请十位相关专家对大运河的两条历史脉络权重赋值,总分100,分值取整,计分标准参见表 5-12。将同一脉络分值相加除以两条总分值,得出每条脉络的权重,即 $M_n = (P_1 + P_2 + \cdots + P_{10})/(100*2)$,结果见表 5-13,从表 5-13 中可以看出,十位专家普遍认为大运河水利工程建设是大运河发展中的核心脉络,在此脉络下产生的文化遗产是大运河开凿建设的主体部分,而由大运河建设所带来的衍生影响催生了一系列其他物质文化遗产、聚落遗产、生态与景观环境遗产以及非物质文化遗产,脉络重要性次之,但这条脉络间接体现了大运河给沿线人民的生产生活带来的重要影响甚至变革,因而重要性权重也较高。

表 5-12 脉络重要度记分参照

项目	记分等级				
	100~80	80~60	60~40	40~20	20~0
脉络重要度	极其重要	比较重要	一般重要	不太重要	完全不重要

表 5-13 历史脉络价值权重评价

评价项目	十位利益相关者项目权重判断(P)										权重(M)
大运河水利工程建设(脉络1)	60	50	70	60	50	75	55	40	45	50	0.555 0
大运河建设所带来的衍生影响(脉络2)	40	50	30	40	50	25	45	60	55	50	0.445 0

(2) 各脉络下遗产评估指标权重确定

① 依据专家打分情况构造两两比较的评价指标判断矩阵。

以数值形式对每层中各指标的相对重要性做出判断,并写成矩阵图,见表 5-14。

表 5-14 指标相对重要性判断矩阵结构

A_k	B_1	B_2	$\cdots$	B_n
B_1	B_{11}	B_{12}	$\cdots$	B_{1n}
B_2	B_{21}	B_{22}	$\cdots$	B_{2n}
$\cdots$	$\cdots$	$\cdots$	$\cdots$	$\cdots$
B_m	B_{m1}	B_{m2}	$\cdots$	B_{mn}

矩阵 B_{ij} 是对于 A_k 而言,B_i 和 B_j 的相对重要性,b_{ij} 是 B_i 与 B_j 的比值。一般取 $1,2,\cdots,9$ 及它们的倒数作为标度,标度含义见表 5-15。

表 5-15 标度及其含义

标度	含义
1	两指标相比,同等重要
3	两指标相比,一个比另一个稍微重要
5	两指标相比,一个比另一个明显重要
7	两指标相比,一个比另一个非常重要
9	两指标相比,一个比另一个极端重要
2,4,6,8	取上述两相邻判断的中值

② 层次单排序和一致性检验。

具体的指标数值由专家计分转化所得。专家对指标权重的赋值以 100 分为参照,最终指标的权重值取专家打分的均值,以此提高分值的客观性。

层次单排序是将每个层次内的因素排序,即计算出本层次各因素相对上一层某因素相对重要性的权值,并根据权值排序。这可以归结为计算判断矩阵的特征值与特征向量的问题,即对判断矩阵 B,计算满足 $BW=\lambda_{max}W$ 的特征值和特征向量,并将特征向量正规化,将正规化后所得的特征向量 $W=[W_1,W_2,\cdots,W_n]$ 作为本层次元素 $B_1,B_2,\cdots,B_n$ 对于其隶属元素 A_k 的排序权值。由于受各种主观因素的影响,所以在得到 λ_{max} 后,还需要对判断矩阵的一致性进行检验,因而需要计算它的一致性指标 CI,计算公式为:

$$CI=\frac{\lambda_{max}-n}{n-1}$$

当 $CI=0$ 时,判断矩阵完全一致。CI 值越大,表明矩阵的一致性就越差。而后需要将 CI 与平均随机一致性指标 RI 进行比较。通常,当判断矩阵 $CR=CI/RI\leqslant 0.10$ 时,认为此矩阵具有满意的一致性,否则就需调整判断矩阵。RI 的取值见表 5-4。

5.6.4 评价体系的生成

经过两轮专家问卷调研后,运用层次分析法和德尔菲法确定各指标权重值,最终建立基于历史脉络的大运河文化遗产价值评价体系,见表 5-16。

表 5-16 基于历史脉络的大运河文化遗产价值评价体系

目标层	一级指标层（脉络）	二级指标层	三级指标层
基于历史脉络的大运河文化遗产价值评价	脉络 1 大运河水利工程建设 55.5%	与脉络相关性 29%	主题相关度 68%
			年代久远度 18%
			距大运河位置远近度 14%
		遗存现状 27%	真实性 60%
			完整性 40%
		遗存价值 44%	同类遗产中稀缺性 27%
			工程技术及运营水平 13%
			群众认可度 26%
			环境协调度 9%
			遗产保护级别 25%
	脉络 2 大运河建设所带来的衍生影响 44.5%	与脉络相关性 29%	主题相关度 66%
			年代久远度 20%
			距大运河位置远近度 14%
		遗存现状 26%	真实性 60%
			完整性 40%
		遗存价值 45%	同类遗产中稀缺性 24%
			工艺水平及规划技术 12%
			整体景观特色 8%
			建筑及装饰特色 11%
			群众认可度 22%
			遗产保护级别 23%

参考文献：

[1] 赵玲.浅析文物古迹保护中的价值评估——基于 2015 修订版《中国文物古迹保护准则》[J].中国文化遗产,2017(6):47-53.

[2] 王肖宇.基于层次分析法的京沈清文化遗产廊道构建研究[D].西安:西安建筑科技大学,2009.

[3] 郝勇,范君晖.系统工程方法与应用[M].北京:科学出版社,2007.

第六章
大运河苏南段遗产资源现状调研与统计

基于前文的研究,本着理论与实践相结合的原则,本研究将以大运河苏南段为例,对大运河苏南段遗产资源现状进行调研与统计,并进一步在第七章对苏南段运河遗产价值进行评价。

6.1 大运河苏南段区位及概况

大运河苏南段为大运河江苏省长江以南的河段,位于大运河南端的长江下游太湖平原,属于大运河的江南段的一部分。大运河苏南段北起镇江谏壁长江口,自镇江向南经过常州、无锡至苏州吴江区平望镇江浙交界的鸭子坝,长178.126千米,其中镇江段自谏壁至丹阳吕城荷园里,长42.6千米;常州段西接镇江吕城、东连无锡直湖港,长44.486千米;无锡段自直湖港至望亭五七桥,长9.24千米;苏州段自望亭五七桥至江浙交界鸭子坝,长81.8千米[1]。其地理坐标在东经118°58′~121°20′,北纬30°47′~32°19′[2],沟通长江和太湖两大水系,是自然条件最好的运河河段之一(图6-1、图6-2)。

6.2 大运河苏南段的历史沿革及特征分析

大运河苏南段开凿较早,是最早形成的运河河段之一。《史记·河渠志》载古代运河"于吴,则通渠三江五湖"[3]。《越绝书》也载有吴古故水道的走向,这里曾"以船为车,以楫为马"[4],说明太湖地区早有舟船交通及开凿运河以沟通河湖。

经春秋至东汉三国的开凿,苏南运河已大体成形。东晋司马裒镇守广陵,"运粮出京口,为水涸,奏请立埭,名丁卯埭",此为丹徒有堰闻之始。至此,苏南

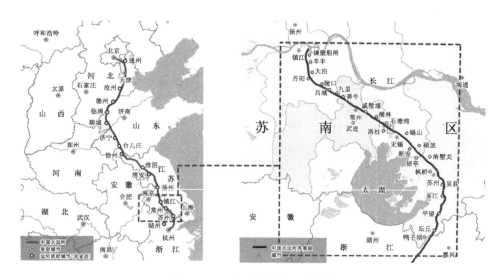

图 6-1　中国大运河苏南段区位

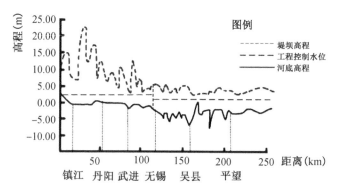

图 6-2　中国大运河苏南段断面高程

运河走向已与今日运河相似。

隋王朝进一步疏通江南河,并在已开凿的运河和天然河流基础上,最终凿成全长 2 700 余千米的南北大运河,连通中原和燕赵、江南地区,形成"之"字形南北水运大动脉。

唐宋时期经不断治理改道,至元代京杭大运河贯通,苏南段运河一直水量充沛,航运便利。

明成祖定都北京后,运河苏南段由中央直接管理。明初,开凿胭脂河,治理胥溪运河,扩大运河水系;中后叶,为保证水源、河道通畅,大力治理练湖,疏浚孟渎、德胜新河、江阴运河等几条通江支河引水或作为替代航道。

清初运河通航条件保持良好,主要定期疏浚因长江潮水挟沙入河引起的淤积。清末,由于渐行海运,苏杭等地漕粮经由上海运至天津,运河由盛转衰,漕运渐遭废弃,运河淤塞,鲜少治理(表6-1)。

表6-1 中国大运河苏南段历史变迁概览

时期	年代	历史事件	开凿运河	运河变迁图示(自绘)	功能及历史意义
商朝末期	公元前11世纪	周太王长子泰伯带领二弟仲雍离开周原,来到长江以南的梅里(今江苏省无锡梅村一带)居住,带领当地人开凿了自梅里至太湖的泰伯渎	泰伯渎	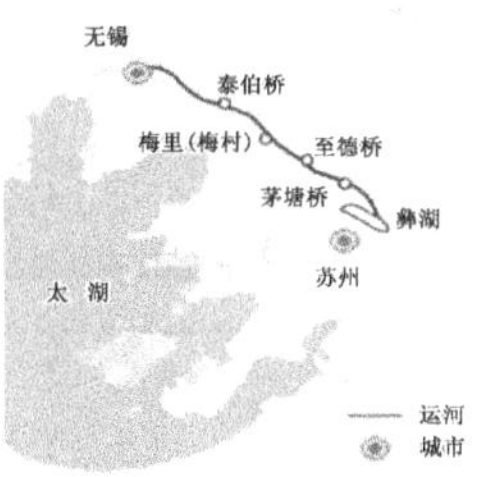	泰伯渎兼具排洪、灌溉、通航等多种功能,经后世多次重开,今在无锡尚存遗迹伯渎港
春秋时期	公元前514年	—	苏州环城河	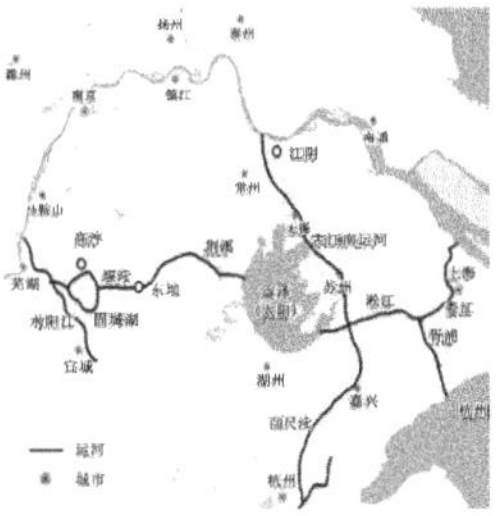	有历史记载的江南运河最为古老的段落,也是大运河苏南段运河前身,是为运输兵力和粮食的军事用途而建
	公元前584—前506年	吴王夫差为北上讨伐齐,下令开凿	吴古故水道		
	公元前506年	吴国北上伐楚,命伍子胥开凿	胥渎(亦称堰渎、胥溪)		
		吴古故水道西延	常州府河		
	公元前495年	吴王夫差为讨伐越国,命伍子胥开凿	胥浦		
	吴越争霸期间(公元前544—前475年)	开凿年代与原因不详	百尺渎		

(续表)

时期	年代	历史事件	开凿运河	运河变迁图示（自绘）	功能及历史意义
秦汉	公元前214年	秦始皇第五次出游时下令开凿、疏浚	丹徒水道（也称徒阳水道）	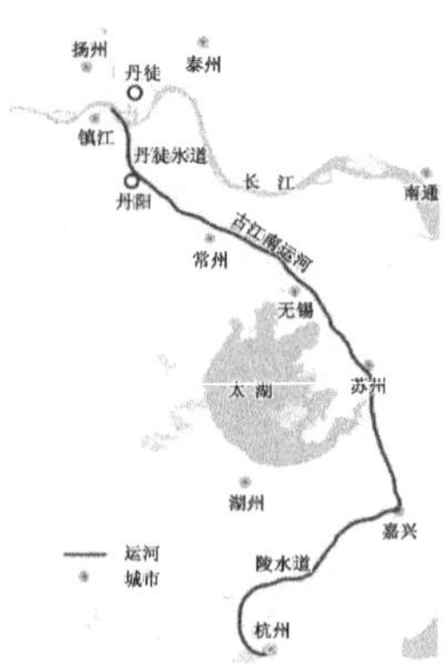	为大运河苏南段完整水路交通运输的形成奠定了基础
			陵水道		
			大小夹岗		
	汉武帝年间（公元前140—前87年）	接通苏嘉运河	沿太湖东缘开运河		
三国时期	公元245年	孙吴开凿运河使航运避开长江风险	破岗渎		为运河苏南段水系的通航和后世江南运河的形成奠定了基础
	三国时期（具体时间不详）	—	重开徒阳水道		
西晋	公元304—306年	晋永兴年间陈谐修建	练湖	—	具有蓄水、防洪、灌溉等功能
隋唐时期	隋大业六年（公元610年）	隋炀帝敕穿江南河，自京口至余杭，八百余里	江南运河	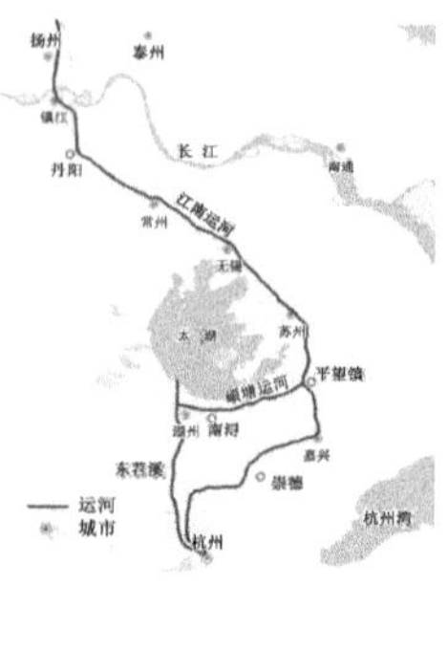	重新疏凿和拓宽长江以南运河古道，扩大了整体航运能力，形成江南运河
	唐宪宗元和八年（813年）	孟简开凿孟渎运河	孟渎		引长江水南注通漕，既能通航，又能为江南运河北段补充水源

(续表)

时期	年代	历史事件	开凿运河	运河变迁图示（自绘）	功能及历史意义
宋元时期	宋天圣七年（公元1029年）	在府城之西，京口闸之东建设新河分流船只	新河	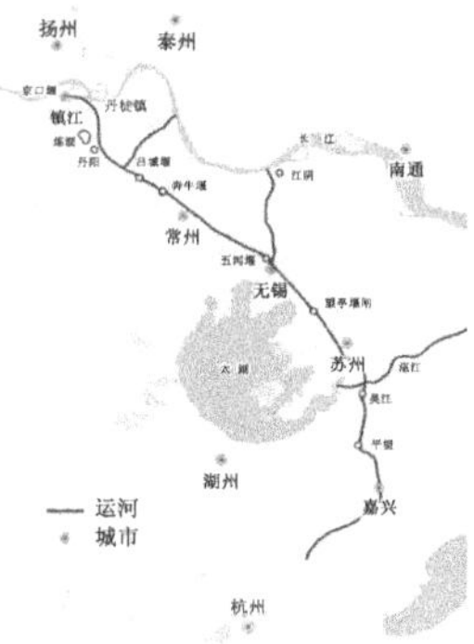	为缓解镇江京口闸的压力
			小京口		
	宋元符二年（公元1099年）	—	京口澳闸		共有5座闸门，组成一组四级船闸，同时修建积水澳和归水澳，代表了当时世界最高水利工程技术水平
	南宋末年至元初（公元1264—1294年）	"镇江京口闸废"，漕运由江阴入江	锡澄运河		锡澄运河成为江南运河入江口
	宋绍熙元年（公元1190年）	—	德胜河		德胜河全长20千米，又名烈塘河、得胜河、南新河，它是常州北部通往长江口的重要水道
明清时期	嘉靖四十三年（1564年）	知县李学道凿通演武场，使运河与西门城壕沟通	—	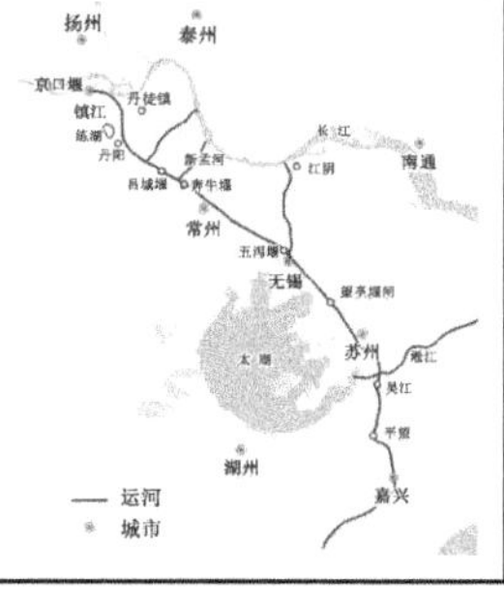	明清江南运河以维护和疏浚为主，前朝的水利工程设置逐渐废弃，后期，沿线水路完全开敞，航运水道畅通
	清雍正五年（1727年）	—	小河港（即新孟河）		

苏南地区属北亚热带湿润季风海洋性气候，温暖湿润，雨量充沛，天然水系水网纵横交错。运河的开凿充分利用了自然水系，将太湖地区6 000多千米航道沟通成网，进一步形成四通八达的水网布局。由于发达的农业，江南地区乃是历代王朝漕粮供给的重要来源，因而，苏南段运河一直是整个大运河的重要段

落,始终保持着水利运输功能,且水系变迁不大。

历代以来,密集的水道运输网络使得当地居民多以河代路,运河早已融入人们的日常生活,并孕育了独特的运河文化,也成就了苏南地区独特的运河景观。

6.3 大运河苏南段文化遗产资源调研与统计

本次调研范围为大运河苏南段,根据前文基于历史脉络的梳理,结合《大运河遗产保护规划第一阶段编制要求》[5],将大运河苏南段遗产资源划分成五类(图6-3):(1)水利工程遗产;(2)聚落遗产;(3)其他物质文化遗产;(4)生态与景观环境遗产;(5)非物质文化遗产。

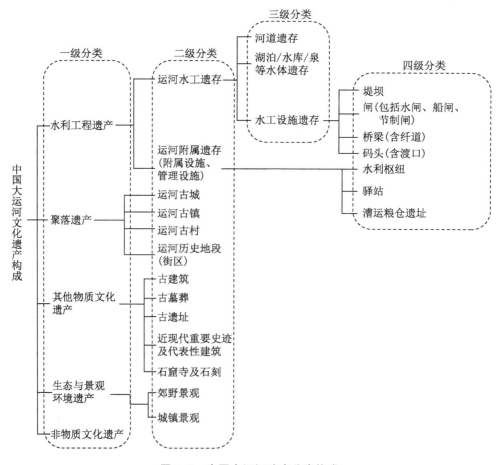

图6-3 中国大运河遗产分类构成

根据江苏省政府批准出台的中国大运河江苏段遗产规划文本《中国大运河江苏段遗产保护规划 2011—2030》[6]及各市大运河遗产保护规划文本《大运河遗产(镇江段)保护规划》[7]《大运河遗产(常州段)保护规划》[8]《大运河遗产(无锡段)保护规划》[9]《大运河遗产(苏州段)保护规划》[10]等相关文献资料确定了中国大运河苏南段文化遗产资源共 272 处,其中水利工程遗产 109 处,聚落遗产 28 处,其他物质文化遗产 82 处,非物质文化遗产 53 处(表 6-2)。

表 6-2 中国大运河苏南段遗产构成分类统计

一级分类	遗产类型	数量(处)
中国大运河苏南段遗产资源	水利工程遗产	109
	聚落遗产	28
	其他物质文化遗产	82
	生态与景观环境遗产	—
	非物质文化遗产	53

调研工作主要包括现场勘查、访谈相关工作人员及学者、拍摄照片等方式,并记录每一处遗产单体的名称、类型、年代、地区、具体位置等基本信息及现状等调研数据。

6.3.1 水利工程遗产资源调研统计

大运河水利工程遗产指古代和近现代如水道、水源、水利工程设施、航运工程设施、古代运河设施和管理机构遗存、运河档案文献及与运河相关的古代祭祀文化遗存[5]。

依据遗产构成分析及《中国大运河江苏段遗产保护规划 2011—2030》[6]将水利工程遗产分为运河水工遗存和运河附属遗存两类,其中运河水工遗存包括河道遗存、湖泊/水库/泉等水体遗存和水工设施遗存,运河附属遗存是指附属设施、管理设施等遗存。

大运河苏南段水利工程遗产共 109 处,其中河道遗存 13 处,湖泊/水库/泉等水体遗存 1 处,水工设施遗存 84 处,运河附属遗存 11 处(表 6-3)。

表6-3 中国大运河苏南段水利工程遗产分类统计

一级分类	遗产类型		数量(处)	
水利工程遗产	运河水工遗存	河道遗存	13	98
		湖泊/水库/泉等水体遗存	1	
		水工设施遗存	84	
	运河附属遗存(附属设施/管理设施)		11	11

(1) 运河水工遗存

运河水工遗存包括河道遗存、湖泊/水库/泉等水体遗存、水工设施遗存三类遗产,其中水工设施遗存包括堤坝、闸(包括水闸、船闸、节制闸)、桥梁(含纤道)、码头(含渡口)四类遗产[5](表6-4)。

表6-4 中国大运河苏南段运河水工遗存分类统计

一级分类	遗产类型		数量(处)	
运河水工遗存	河道遗存		13	
	湖泊/水库/泉等水体遗存		1	
	水工设施遗存	堤坝	5	84
		闸(包括水闸、船闸、节制闸)	6	
		桥梁(含纤道)	56	
		码头(含渡口)	17	

① 河道遗存

大运河苏南段河道整体保存良好,现存有河道遗产8处、河口遗存5处。河道遗存名录如表6-5所示。

表6-5 中国大运河苏南段河道遗存名录

序号	遗产名称	类型	城市	位置	年代	文物级别	备注
1	镇江城区运河故道	河道	镇江	江苏镇江	秦	非文保单位	保存完好
2	丹徒河(丹徒水道)	河道	镇江	江苏镇江至丹阳	隋	非文保单位	原物保存较好
3	常州城区运河故道	河道	常州	江苏常州	隋	非文保单位	已无可考

(续表)

序号	遗产名称	类型	城市	位置	年代	文物级别	备注
4	无锡城区运河故道	河道	无锡	江苏无锡	春秋	非文保单位	航运
5	苏州环城河	河道	苏州	江苏苏州	春秋	非文保单位	航运
6	苏州塘	河道	苏州	江苏苏州	西汉	非文保单位	原物保存较好
7	澜溪塘	河道	苏州	苏州至嘉兴	隋	非文保单位	原物不存，遗迹可考
8	頔塘	河道	苏州	苏州市吴江区震泽古镇内	隋	非文保单位	保存完好
9	大京口	河口（入江口）	镇江	江苏省镇江市京口区	隋	非文保单位	原物保存较好
10	小京口	河口（入江口）	镇江	江苏省镇江市京口区	隋	非文保单位	原物保存较好
11	丹徒口	河口（入江口）	镇江	江苏省镇江市丹徒区	隋	非文保单位	原物保存一般
12	谏壁口	河口（入江口）	镇江	江苏省镇江市京口区	隋	非文保单位	原物保存较好
13	甘露口	河口（入江口）	镇江	江苏省镇江市京口区	隋	非文保单位	原物保存一般

根据《江苏省志·水利志》[11]、《镇江市志》[12]、《镇江市水利志》[13]、《常州市志》[14]、《常州水利志》[15]、《无锡市志》[16]、《无锡水利志》[17]、《苏州市志》[18]、《苏州市水利志》[19]等文献资料,整理河道现状通航情况(见表6-6)。经改革开放后的治理或改道新建,大部分河道至今仍可通航,但多数城区中的古运河已采取禁航的方式对河道遗产进行保护管理。

表6-6 中国大运河苏南段河道现状通航情况

城市	河段	开凿年代	主要功能	通航情况
镇江	京口闸——丁卯桥	秦代	排洪和游憩	不能通航
	丁卯桥——谏壁闸	秦代	排洪和排污	具备通航能力
	谏壁闸——丹阳市	秦代	航运、灌溉和排洪	可以通航
	丹阳市——武进区	秦代	航运、灌溉和排洪	4级航道

(续表)

城市	河段	开凿年代	主要功能	通航情况
常州	武进区市区——怀德桥	春秋	航运、灌溉和排洪	4级航道
	市区怀德桥——朝阳桥	唐宋	航运、灌溉和排洪	4级航道
	明长城——东坡公园	唐宋	排洪和游憩	禁航
	朝阳桥——山北大桥	明清	航运、灌溉和排洪	4级航道
无锡	山北大桥——吴桥	隋代	航运、灌溉和排洪	6级航道,已不通航
	吴桥——国际集装箱中转站(新运河)	1965—1983年	航运、灌溉和排洪	4级航道
	江尖公园——跨塘桥	隋代	排洪和游憩	6级航道
	吴桥——跨塘桥	隋代	排洪和游憩	7级航道,已不通航
	跨塘桥——清名桥	隋代	航运、灌溉和排洪	禁航
	清名桥——新虹桥	隋代	航运、灌溉和排洪	6级航道
	新虹桥——望亭	隋代	航运、灌溉和排洪	通航
苏州	望亭镇——枫桥	隋代	航运、灌溉和排洪	4级航道
	枫桥——运河公园	1949—1960年	航运、灌溉和排洪	4级航道
	运河公园——宝带桥	1949—1960年;1981—2004年	航运、灌溉和排洪	4级航道
	宝带桥——吴江市	唐代至元代	航运、灌溉和排洪	5级航道
	山塘河	唐代	排洪和游憩	—
	上塘河	隋代	排洪和游憩	—
	护城河	不详	排洪和游憩	—
	横塘——胥门	春秋	航运和排洪	—
	觅渡桥——宝带桥	隋代	航运和排洪	5级航道
	吴江市区——平望	唐代至元代	航运、灌溉和排洪	5级航道

依据《地表水环境质量标准》[20](GB 3838—2002)的标准对水质级别的评价

指标有 pH、溶解氧、高锰酸盐指数、氨氮、总磷五项指标(水库、湖泊类加入总氮评价)。

根据《江苏省生态环境状况公报》(2018)[21]、《镇江市环境状况公报》(2017)[22]、《常州市环境状况公报》(2017)[23]、《无锡市环境状况公报》(2017)[24]、《苏州市环境状况公报》[25]等政府环境报告资料,整理各市运河流经区县河段水质情况(表6-7),大运河苏南段整体水质级别在Ⅳ类标准以上,表现为一定程度的轻度富营养。

表6-7 中国大运河苏南段河道水质情况

城市	运河流经区县	水质自动监测站	运河水质
镇江	润州区(古运河)	金西水厂、金山湖	Ⅰ类、Ⅱ类
	京口区(古运河、大运河)	谏壁桥	Ⅲ类
	丹徒区(大运河)	—	Ⅲ类
	丹阳市(大运河)	丹阳水务集团有限公司取水口	Ⅱ类
常州	武进区	武进港	Ⅴ类
	新北区	魏村水厂、九里	Ⅳ类
无锡	崇安区、南长区、北塘区		Ⅱ类、Ⅲ类、Ⅳ类
	惠山区	直湖港	Ⅳ类
苏州	相城区	鸟嘴桥、望亭	Ⅱ类、Ⅲ类
	吴江区	平桥	Ⅲ类

② 湖泊/水库/泉等水体遗存

大运河苏南段湖泊/水库/泉等水体遗存较少,仅练湖1处(表6-8)。

练湖早在西晋就修建完成,面积辽阔,可承担农田水利灌溉功能。如今的练湖遗址已变为陆地,周围用地由农田和工厂组成。

表6-8 中国大运河苏南段水体遗存名录

序号	遗产名称	类型	城市	位置	年代	文物级别	备注
1	练湖	补给水源	镇江	江苏丹阳西北	西晋	非文保单位	人工湖

③ 水工设施遗存

大运河苏南段水工设施遗存较多,共84处,其中有堤坝5处,船闸(包括水闸、船闸、节制闸)6处,桥梁(含纤道)56处,码头(含渡口)17处(见表6-9)。

表 6-9 中国大运河苏南段水工设施遗存名录(自绘)

序号	遗产名称	类型	城市	位置	年代	文物级别	备注
1	丁卯埭	堤坝	镇江	镇江市京口区南三里丁卯港口	东晋	非文保单位	已无可考
2	练湖泄洪堰	堤坝	镇江	丹阳西北	西晋	非文保单位	原物不存,遗迹可考
3	京口埭	堤坝	镇江	镇江市北江南河入江口	唐	非文保单位	原物不存,遗迹可考
4	文成坝	堤坝	常州	常州大运河东通吴门段、舣舟亭处	明	非文保单位	原物不存,遗迹可考
5	西水墩	堤坝	无锡	无锡古运河与梁溪河的交汇处	明	非文保单位	原物不存,遗迹可考
6	大京口闸	闸	镇江	镇江市中华路北段与鱼巷口交接处	唐	非文保单位	已无可考
7	小京口闸	闸	镇江	镇江市京口闸北侧	宋	非文保单位	已无可考
8	练湖闸	闸	镇江	丹阳市老西门西北	近现代	市县级	原物不存,遗迹可考
9	北水关石闸	闸	镇江	镇江市北水关巷南段	明	非文保单位	原物不存,遗迹可考
10	南水关遗址	闸	镇江	镇江市南水桥西北侧	明	非文保单位	原物不存,遗迹可考
11	魏村闸(烈塘闸)	闸	常州	常州市新北区春江镇魏村闸北街	宋	市级	拦洪、挡潮或抬高上游水位
12	西津古渡	码头(含渡口)	镇江	镇江市西边的云台山麓	唐	非文保单位	上下行人为主,水路转换
13	江边码头	码头(含渡口)	镇江	镇江市	近现代	非文保单位	货物装卸为主,水路转换

(续表)

序号	遗产名称	类型	城市	位置	年代	文物级别	备注
14	趸船码头	码头（含渡口）	镇江	镇江市	近现代	非文保单位	货物装卸为主,水路转换
15	招商局码头	码头（含渡口）	镇江	镇江市	近现代	非文保单位	货物装卸为主,水路转换
16	招商局四号码头	码头（含渡口）	镇江	镇江市	近现代	非文保单位	货物装卸为主,水路转换
17	御码头	码头（含渡口）	常州	常州市东坡公园内	明	非文保单位	移建
18	大码头	码头（含渡口）	常州	常州市钟楼区篦箕巷	明	非文保单位	货物装卸为主,水路转换
19	尚书码头	码头（含渡口）	常州	常州南起市河边,北至西瀛里	明	非文保单位	货物装卸为主,水路转换
20	表场轮船码头	码头（含渡口）	常州	常州市西瀛门外	清	非文保单位	已拆
21	白云渡	码头（含渡口）	常州	常州唐家湾与白云尖交汇处	明	非文保单位	上下行人为主,水路转换
22	伯渎港	码头（含渡口）	无锡	无锡市新吴区新华路	商朝	非文保单位	运河分支伯渎河（无锡第一条人工河）上
23	清名古渡	码头（含渡口）	无锡	无锡市南门外	明	市县级	货物装卸为主,水路转换
24	兵部郎中华云码头	码头（含渡口）	无锡	无锡市南门外	明	非文保单位	货物装卸为主,水路转换
25	清名桥班船码头	码头（含渡口）	无锡	无锡市南门外	明	非文保单位	货物装卸为主,水路转换
26	永泰丝厂货码头	码头（含渡口）	无锡	无锡市梁溪区南长街	明	非文保单位	货物装卸为主,水路转换
27	南水仙庙码头	码头（含渡口）	无锡	无锡市南长街	清	非文保单位	货物装卸为主,水路转换

(续表)

序号	遗产名称	类型	城市	位置	年代	文物级别	备注
28	跨塘桥轮船码头	码头（含渡口）	无锡	无锡跨塘街	明	非文保单位	货物装卸为主，水路转换
29	丁卯桥遗址	桥梁	镇江	镇江市丁卯村	东晋	市县级	原物不存，遗迹可考
30	千秋桥遗址	桥梁	镇江	镇江市千秋桥街	东晋	非文保单位	已无可考
31	虎踞桥	桥梁	镇江	镇江市南门外运河上	明	国家级	改建恢复
32	宝成桥（老西门桥）	桥梁	镇江	镇江市丹阳老西门水关桥北	明	市级	重建
33	通泰桥（永泰桥）	桥梁	镇江	镇江市丹阳外城河	明	市级	民国重建
34	开泰桥	桥梁	镇江	镇江市丹阳南门外	明	省级	原物保存一般
35	飞虹桥	桥梁	常州	常州市东坡公园内	清	市县级	改建恢复
36	新坊桥	桥梁	常州	常州市钟楼区和平南路	南北朝	市级	仍在
37	万安桥	桥梁	常州	常州市戚墅堰老三山港	明	市县级	上可行车人，便于行舟，利于泄洪
38	万缘桥	桥梁	常州	常州市大运河与老孟河交汇处	宋	省级	宋朝已经存在
39	本善桥	桥梁	常州	常州金坛市金城镇清涪村	宋	省级	上可行车人，便于行舟，利于泄洪
40	锁桥	桥梁	常州	常州钟楼区西直街中段锁桥河	清	市级	仍在

(续表)

序号	遗产名称	类型	城市	位置	年代	文物级别	备注
41	彩虹桥	桥梁	常州	常州市奔牛镇	清	市级	单孔石拱桥,拱洞内留有纤道
42	宝善桥	桥梁	常州	常州市新北区孟河镇	清	市级	上可行车人,便于行舟,利于泄洪
43	惠济桥	桥梁	常州	常州市戚墅堰老三山港	清	市县级	仍在
44	文亨桥(新桥)	桥梁	常州	常州市西瀛里	明	市县级	移建至篦箕巷东
45	广济桥(西仓桥)	桥梁	常州	常州市东坡公园内	明	市县级	移建至半月岛西首
46	五洞桥	桥梁	常州	常州市寨桥乡夏坊村	明	市县级	完全重建
47	中新桥	桥梁	常州	常州市青果巷与东下塘间的南市河上	近现代	市级	仍在
48	清名桥	桥梁	无锡	无锡市跨塘桥到清名桥	明	市县级	修旧如故
49	江村桥	桥梁	苏州	苏州市枫桥镇寒山寺前	唐	省级	原物保存较好
50	宝带桥	桥梁	苏州	苏州市吴中区运河与澹台湖交口处	唐	国家级	原物保存较好
51	普济桥	桥梁	苏州	苏州市山塘街	清	省级	上可行车人,便于行舟,利于泄洪
52	升明桥	桥梁	苏州	苏州市盛泽镇跨东白漾口	清	市县级	原物保存较好

(续表)

序号	遗产名称	类型	城市	位置	年代	文物级别	备注
53	泰安桥	桥梁	苏州	苏州市盛泽镇黄家溪村,跨市河	清	市县级	原物保存较好
54	安民桥	桥梁	苏州	苏州市北前街,跨古运河	明	市县级	原物保存较好
55	三里桥	桥梁	苏州	苏州市松陵北门外,跨古运河	元	市县级	原物破坏严重
56	吴门桥	桥梁	苏州	苏州市盘门外	元	市县级	原物保存较好
57	灭渡桥	桥梁	苏州	苏州市南门路东侧赤门湾	元	市县级	原物保存较好
58	安德桥	桥梁	苏州	苏州市司前街,古今杭运河与由页塘汇合处	唐	市县级	原物保存较好
59	枫桥	桥梁	苏州	苏州市枫桥镇铁岭关前	清	省级	原物保存较好
60	长善滨桥	桥梁	苏州	苏州市上津桥下塘街（上塘河）	清	非文保单位	上可行车人,便于行舟,利于泄洪
61	越城桥	桥梁	苏州	苏州市横塘镇石湖北侧,跨越来溪	宋	市县级	原物保存较好
62	行春桥	桥梁	苏州	苏州市横塘镇上方山路,跨石湖北渚	宋	市县级	原物保存较好
63	普安桥	桥梁	苏州	苏州市上塘街（上塘河）	清	市县级	原物保存较好

(续表)

序号	遗产名称	类型	城市	位置	年代	文物级别	备注
64	鸭蛋桥	桥梁	苏州	苏州市阊门外鸭蛋桥滨饭店弄（城外）	清	非文保单位	原物保存较好
65	水关桥	桥梁	苏州	苏州市盘门水关外	清	非文保单位	原物保存较好
66	兴龙桥	桥梁	苏州	苏州市盘门外兴龙桥下塘	清	非文保单位	原物保存较好
67	中和桥	桥梁	苏州	苏州市盛泽镇王家庄街，跨市河	清	市县级	原物保存较好
68	南浩桥	桥梁	苏州	苏州市胥门外南浩街与万年桥大街相接处	清	非文保单位	上可行车人，便于行舟，利于泄洪
69	程桥	桥梁	苏州	苏州市盘门内西大街	清	非文保单位	上可行车人，便于行舟，利于泄洪
70	上津桥	桥梁	苏州	苏州市枫桥路（上塘河）	明	市县级	原物保存较好
71	引善桥	桥梁	苏州	苏州市虎丘乡茶花村打柴浜	清	非文保单位	原物保存一般
72	同善桥	桥梁	苏州	苏州市虎丘山塘普济桥西南	清	非文保单位	保存完好
73	垂虹桥遗址	桥梁	苏州	苏州市松陵东门外，跨太湖通运河及吴淞江的隘口	元	县级	原七十二孔，现遗存十孔
74	下津桥	桥梁	苏州	苏州市枫桥路（上塘河）	明	市县级	原物保存较好

(续表)

序号	遗产名称	类型	城市	位置	年代	文物级别	备注
75	白龙桥	桥梁	苏州	苏州市盛泽镇坛丘白龙桥村	近现代	市县级	原物保存较好
76	通贵桥	桥梁	苏州	苏州市山塘街杨安浜口	清	非文保单位	上可行车人，便于行舟，利于泄洪
77	白姆桥	桥梁	苏州	苏州市山塘街	清	非文保单位	上可行车人，便于行舟，利于泄洪
78	龙华寺桥	桥梁	苏州	苏州市虎丘乡茶花村	清	非文保单位	上可行车人，便于行舟，利于泄洪
79	吉水桥	桥梁	苏州	苏州市盘门外	清	非文保单位	上可行车人，便于行舟，利于泄洪
80	西山庙桥	桥梁	苏州	苏州市山塘街西首	清	非文保单位	上可行车人，便于行舟，利于泄洪
81	万点桥	桥梁	苏州	苏州市山塘街席场弄口	清	非文保单位	上可行车人，便于行舟，利于泄洪
82	绿水桥	桥梁	苏州	苏州市山塘街	清	非文保单位	上可行车人，便于行舟，利于泄洪
83	青山桥	桥梁	苏州	苏州市山塘街五人墓侧	清	非文保单位	上可行车人，便于行舟，利于泄洪
84	吴江运河古纤道	纤道	苏州	苏州市吴江城南	唐	省级	原物破坏严重

大运河苏南段闸口、桥梁等水工设施遗存较多，闸口多数原址仅有遗址可考或改建重建，已少有原物风貌。如镇江的京口闸形成于隋炀帝开凿江南运河时，

唐开元二十二年(734年)便有"废闸置堰"的记载。原大闸位于今中华路;原小闸口已重建为京口闸,系今镇江城区古运河的入江口。

桥梁类遗产则保存情况较好,大多结构完整,稍有破损,可允许行人通过及船只穿行。有些桥梁在原址上实行保护,如虎踞桥、枫桥等。虎踞桥为单孔石拱桥,是镇江市区段运河之上的重要地标,1980年以前,市政工程处先后两次对桥进行整修改造,但桥拱圈、金刚桥及基础仍保持明代建筑风格;枫桥位于阊门外枫桥镇,是苏州的重要地标之一,横跨运河南北走向段,因建造初始朝开航、夕闭航,故而亦有"封桥"之称,目前桥体本身与周边风貌均保存较好。

也有实施易地迁移的遗产,如常州的两座大型三孔桥文亨桥、广济桥均被从原址移建。文亨桥被移建至西瀛里。广济桥则从西仓粮库附近的西仓街与三堡街交界处移建至东坡公园内,作为连接半月岛供游人游玩的休闲桥。

大多桥梁周边环境均保存有运河古时风貌,如无锡清名桥、伯渎桥处于清名桥历史文化街区之中,结构与风貌保存良好,可正常通行;国家文保单位苏州宝带桥周边景观主要为湿地、湖泊、农田等自然景观,风貌保存较好。

纤道是指由多座石桥连接架设在水面上从而形成的一种可以在湖泊、水塘等湿地水体上穿行的水上通道。苏州吴江古纤道是目前中国大运河上仅存的几处古纤道遗址之一,是苏南段大运河唯一保存较完好的运河古纤道遗址,周边环境与纤道景观较为协调。

码头或渡口多难寻原迹,仅存遗址。如常州的御码头移建至东坡公园内,而镇江的西津渡则是在原址的基础上重建,成为现代人们休闲游玩的景点设施。

(2) 运河附属遗存

运河附属遗存包括附属设施、管理设施等遗存[5]。大运河苏南段运河附属遗存共11处,有水利枢纽、驿站、漕运粮仓遗址三种遗产类型,其中水利枢纽1处、驿站9处、漕运粮仓遗址1处(表6-10、表6-11)。

表6-10 中国大运河苏南段运河附属遗存分类统计

	遗产类型	数量(处)
运河附属遗存	水利枢纽	1
	驿站	9
	漕运粮仓遗址	1

表 6-11 中国大运河苏南段运河附属遗存名录

序号	遗产名称	类型	城市	位置	年代	文物级别	备注
1	灭渡桥水位站	水文站	苏州	苏州灭渡桥	清	国家级	原物保存较好
2	京口驿	驿站	镇江	镇江市京口闸内	元	非文保单位	已无可考
3	云阳驿	驿站	镇江	镇江市丹阳县城南门外	明	非文保单位	供往来官吏中途歇宿
4	吕城驿	驿站	镇江	镇江市丹阳吕城镇泰定桥西	明	非文保单位	供往来官吏中途歇宿
5	毗陵驿	驿站	常州	常州市城区西古码头	清	市县级	修旧如故
6	锡山驿	驿站	常州	常州市建渡桥南	明	非文保单位	供往来官吏中途歇宿
7	横塘驿站	驿站	苏州	苏州市横塘	明	省级	原物保存较好
8	姑苏驿	驿站	苏州	苏州市吴江盘门外	明	非文保单位	供往来官吏中途歇宿
9	松陵驿	驿站	苏州	苏州市儒学之左	明	非文保单位	供往来官吏中途歇宿
10	平望驿	驿站	苏州	苏州市吴江平望镇安德桥畔	明	非文保单位	供往来官吏中途歇宿
11	宋代转般仓	漕运粮仓遗址	镇江	镇江市双井路	宋	非文保单位	用以卸纳漕粮,再换船运

大运河苏南段运河附属遗存大多仅存遗址或已无遗迹可寻(图 6-4)。

图 6-4　中国大运河苏南段部分水利工程遗产

苏州横塘驿站为少有的保存完整的驿站原迹，现存为同治十三年（1874 年）建造，周边用地主要为工业仓储用地，与驿站建筑不相协调；常州笆箕巷的毗陵驿现存建筑是在原址的基础上重建而成。

苏州灭渡桥水位站由清政府海关设立，是苏南地区较早的近代水文观测站，在经历了几次水位站停止使用和迁移易址之后，最终迁回位于苏州灭渡桥边的原址保存。

镇江地处大运河与长江的交汇处，是古时江南地区漕粮、贡赋运送北方的中转站，因此镇江成为漕运枢纽大港和粮食仓储中心。可惜，镇江的漕运粮仓遗址——宋代转般仓如今因城市化建设而遭遇较大破坏。

6.3.2　聚落遗产资源调研统计

大运河聚落遗产包括建成发展或变迁与运河密切相关的运河古城、运河古镇、运河古村，以及具有运河相关城市节点、建筑群落等代表的运河历史地段（街区）[5]。

大运河苏南段聚落遗产共 28 处，其中运河古城 5 处、运河古镇 8 处、运河古村4处、运河历史地段(街区)11处(表6-12、表6-13)。

表6-12 中国大运河苏南段聚落遗产分类统计

	遗产类型	数量(处)
聚落遗产资源	运河古城	5
	运河古镇	8
	运河古村	4
	运河历史地段(街区)	11

表6-13 中国大运河苏南段聚落遗产名录

序号	遗产名称	类型	城市	位置	年代	文物级别	备注
1	三国京口铁瓮城遗址	古城	镇江	江苏镇江	三国	非文保单位	原物保存较好
2	晋陵罗城遗址	古城	镇江	江苏镇江	东晋	非文保单位	原物不存,遗迹可考
3	镇江府城遗址	古城	镇江	江苏镇江	明	非文保单位	原物不存,遗迹可考
4	淹城	古城	常州	江苏常州	春秋	非文保单位	保存完好
5	阖闾城遗址	古城	常州	江苏常州	春秋	非文保单位	原物保存较好
6	孟河镇	古镇	常州	江苏常州	东汉	非文保单位	已无可考
7	奔牛镇	古镇	常州	江苏常州	宋	非文保单位	已无可考
8	杨桥古镇	古镇	常州	江苏常州	明	非文保单位	保存完好
9	荡口古镇	古镇	无锡	江苏无锡	东汉	非文保单位	保存完好
10	周新镇	古镇	无锡	江苏无锡	明	非文保单位	原物保存较好
11	木渎古镇	古镇	苏州	江苏苏州	秦	非文保单位	原物保存较好
12	同里古镇	古镇	苏州	江苏苏州	秦	非文保单位	原物保存较好
13	甪直古镇	古镇	苏州	江苏苏州	秦	非文保单位	原物保存一般
14	礼社古村	古村	无锡	江苏无锡	明	非文保单位	原物保存较好

(续表)

序号	遗产名称	类型	城市	位置	年代	文物级别	备注
15	严家桥村	古村	无锡	江苏无锡	明	非文保单位	原物保存较好
16	玉祁老街	古村	无锡	江苏无锡	明	非文保单位	原物保存一般
17	陆巷古村	古村	苏州	江苏苏州	明	非文保单位	保存完好
18	西津渡古街	运河历史地段	镇江	江苏镇江	南北朝	非文保单位	改建恢复
19	青果巷历史街区	运河历史地段	常州	江苏常州	明	非文保单位	保存完好
20	前后北岸历史文化街区	运河历史地段	常州	江苏常州	明	非文保单位	原物保存较好
21	水弄堂	运河历史地段	无锡	江苏无锡	春秋	非文保单位	原物保存较好
22	清名桥历史街区	运河历史地段	无锡	江苏无锡	春秋	非文保单位	保存完好
23	定胜桥沿河	运河历史地段	无锡	江苏无锡	明	市级	原物保存较好
24	荣巷历史文化街区	运河历史地段	无锡	江苏无锡	清	省级	原物保存较好
25	小娄巷历史文化街区	运河历史地段	无锡	江苏无锡	宋	非文保单位	原物保存一般
26	日晖巷传统街区	运河历史地段	无锡	江苏省无锡市解放路东侧内后西溪南侧	清	非文保单位	改建恢复
27	平江历史文化街区	运河历史地段	苏州	江苏苏州	春秋	国家级	保存完好
28	山塘历史文化街区	运河历史地段	苏州	江苏苏州	唐	非文保单位	原物保存较好

运河畔的历史文化地段（街区）多依傍运河而形成，有因江防要地而形成的镇江西津渡；也有因临河船舶云集、商品贸易发展而形成的历史文化街区，如旧称"花市街"，以制作篦箕和木梳而闻名，素有"宫梳名篦"和"常州梳篦甲天下"之盛誉的常州篦箕巷，以及沿岸各类果品店铺鳞次栉比旧有"千果巷"之称的常州青果巷等。

这些街巷大多延续古时格局，并保存着不少建筑遗产，蕴含着深厚的历史文化底蕴。如国家级历史文化街区——苏州平江路历史文化街区，基本延续了唐宋以来的城坊格局，街区内部分遗产原迹保存较好；镇江西津渡历史文化街区现仅存待渡半亭和下渡船的石级；无锡清名桥历史文化街区内有贯通中国南北水道的中国最古老的运河伯渎港（图6-5）。

镇江西津渡历史文化街区　　镇江待渡亭　　常州篦箕巷　　常州青果巷

无锡清名桥历史文化街区　　苏州平江路历史文化街区　　苏州山塘街

图6-5　中国大运河苏南段聚落遗产调研图片

6.3.3　其他物质文化遗产资源调研统计

大运河其他物质文化遗产资源指在大运河两岸独立分布的、能够见证大运河历史发展进程、与运河经济和文化发展历史直接相关的各类不可移动文物，以及某些在地理关系上是见证大运河沿线重大历史事件、重要历史人物活动、重要社会文化发展的历史遗存[5]。它可分为古建筑、古墓葬、古遗址、近现代重要史迹及代表性建筑、石窟寺及石刻五类遗产。

大运河苏南段其他物质文化遗产共82处，其中古建筑62处、古墓葬6处、古遗址4处、近现代重要史迹及代表性建筑5处、石窟寺及石刻5处（表6-14）（其他物质文化遗产清单名录见附录3）。

表 6-14　中国大运河苏南段其他物质文化遗产分类统计

	遗产类型	数量(处)
其他物质文化遗产资源	古建筑	62
	古墓葬	6
	古遗址	4
	近现代重要史迹及代表性建筑	5
	石窟寺及石刻	5

大运河苏南段其他运河相关物质文化遗产资源保存情况良好,但墙体开裂、彩绘油漆脱落、屋面或周边环境长草等情况较常见,构件缺失损坏、地基地面沉降等情况较少或几乎没有。

多数建筑物在保护的基础上允许参观。周边环境保留承袭原有风貌,或改建修建绿地公园,为古建筑注入了新的活力。

古遗址类遗产较少,但颇受政府及民众的重视,有完善的保护规划,且不少位于景观带内,在被保护的同时继续发挥着新的遗产功能(图 6-6)。

图 6-6　中国大运河苏南段其他物质文化遗产

总体来说,大运河苏南段其他运河相关物质文化遗产资源保护修缮及时,管理规范,保存良好,人为破坏因素较少。受损因素主要是自然侵蚀,由于中国古建筑多为木结构,风雨侵蚀、气候变化、地质灾害以及虫灾虫害等自然因素均会不同程度地引起损坏,这种经年累月的损害无法避免,只有通过规范的保护管理减轻或延缓。

6.3.4 生态与景观环境遗产资源调研

大运河生态与景观环境遗产由位于郊野地段代表性的大运河生态环境和位于城镇地段代表性的景观环境两部分组成[5]。

郊野地段的自然生态景观环境主要是由自然或人工湖泊、河流、沿线稻田、林地、水网等共同构成的湿地环境,也包括运河沿线非城镇范围的少量建筑景观。苏南段运河河道大多依据自然水系开凿修建,在经过长时间的人工运河与自然水系相互融合和演绎变迁后,如今形成了大量的沼泽、滩涂等湿地景观,整体保存情况较好,但维护管理较城镇地段有所欠缺(图6-7)。

镇江虎踞桥附近
沿岸环境景观

苏州相门运河
沿岸环境景观

常州运河
沿岸环境景观

常州西水关桥附近
沿河环境景观

常州西瀛门城墙运河
沿岸环境景观

无锡清名桥
沿岸环境景观

图6-7 中国大运河苏南段生态与景观环境遗产

城镇市区段的运河一般为古运河,具有更完善的保护措施和景观环境。古运河多位于老城区,人口密集,商业交通发达,且遗产资源丰富,苏州、常州等地均依托古运河建有沿河公园绿地,承载着老城区休闲游憩和传承历史文化的功能。

6.3.5 非物质文化遗产资源调研统计

大运河非物质文化遗产是指反映运河历史变化的,运河沿线保存和流传至今的,与运河相生相伴的非物质文化遗产。其类别可分为老地名、运河船工号子、戏曲俗语、民间故事、传说、风俗习惯等,因运河商贸、文化交流而推动发展形成的运河各段的菜系、土特物产及各种手工工艺[5]。由相关资料及调研统计,截至2018年7月1日,中国大运河苏南段非物质文化遗产资源共53处(表6-15)。

表6-15 中国大运河苏南段非物质文化遗产资源

城市	数量(处)	遗产内容
镇江市	7	白蛇传传说、董永传说、古琴艺术(梅庵派)、扬剧、秦淮灯彩、镇江恒顺香醋酿造技艺、封缸酒传统酿造技艺
常州市	12	常州吟诵、天宁寺梵呗唱诵、锡剧、金坛刻纸、金坛抬阁、金坛董永七仙女传说、常州留青竹刻、常州梳篦、常州小热昏、金坛直溪巨龙、溧阳蒋塘马灯舞、金坛封缸酒传统酿造技艺
无锡市	9	无锡道教音乐、无锡留青竹刻、锡剧、惠山泥人、吴歌、无锡精微绣、梁祝传说、宜兴紫砂陶制作技艺、江阴致和堂膏滋药制作工艺
苏州市	25	吴歌、古琴艺术、江南丝竹、苏州玄妙观道教音乐、昆曲、苏剧、苏州评弹、桃花坞木版年画、苏绣技艺、宋锦织造技艺、苏州缂丝制造技艺、香山帮传统建筑营造技艺、苏州御窑金砖制作技艺、明式家具制作技艺、制扇技艺、剧装戏具制作技艺、端午节习俗、苏州甪直水乡妇女服饰、苏州民族乐器制作技艺、光福核雕、苏州玉雕、雷允上六神丸制作技艺、苏州灯彩、苏州泥塑、虞山琴派

6.3.6 大运河苏南段遗产资源特征分析

江苏省苏南地区水土富饶,农业发达,人杰地灵,大运河作为这片丰饶的土地上尤为璀璨的项链,串起了一个个遗产珠宝,也孕育了灿烂的运河文化。

根据文献资料搜集及现场踏查的资料,拟从遗产类型构成、保护级别构成、时代分布特征、空间分布特征四个方面对苏南段大运河遗产资源的特点进行分析。

(1) 遗产类型构成

大运河苏南段文化遗产资源共272处,其中水利工程遗产109处,聚落遗产28处,其他物质文化遗产82处,非物质文化遗产53处(图6-8)。

进一步结合《中国大运河江苏段遗产保护规划 2011—2030》[6]对大运河遗产的分类标准,对大运河的二级分类系统进行详细的数据统计(表6-16)。

大运河苏南段共109处水利工程遗产,其中桥梁(含纤道)类遗产数量最多,超过水利工程遗产总数的一半;其次是码头(含渡口)及河道(含入江口)类遗产;湖泊、水库、泉等水体遗存,水利枢纽及漕运粮仓遗址三类水利工程遗产仅各有

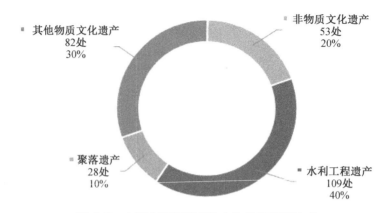

图 6-8 中国大运河苏南段文化遗产类型构成

表 6-16 中国大运河苏南段水利工程遗产类型统计

遗产类型	漕运粮仓遗址	驿站	水利枢纽	码头（含渡口）	桥梁（含纤道）	闸（包括水闸、船闸、节制闸）	堤坝	湖泊、水库、泉等水体遗存	河道（含入江口）
遗产数量（处）	1	9	1	17	56	6	5	1	13

1 处遗产点；聚落遗产共 28 处，其中运河历史地段（街区）数量最多（表 6-17）；其他物质文化遗产 82 处，古建筑类遗产明显多于其他遗产类型（表 6-18）。

表 6-17 中国大运河苏南段聚落遗产类型统计

遗产类型	运河历史地段（街区）	运河古村	运河古镇	运河古城
遗产数量（处）	11	8	4	5

表 6-18 中国大运河苏南段其他物质文化遗产类型统计

遗产类型	石窟寺及石刻	近现代重要史迹及代表性建筑	古遗址	古墓葬	古建筑
遗产数量（处）	5	5	6	4	62

（2）保护级别构成

目前大运河苏南段物质文化遗产共 219 处，有 114 处遗产点被列入各级文物保护单位，其中国家级文物保护单位 7 处，省级文物保护单位 31 处，市县级文物保护单位 76 处。国家级文物保护单位主要分布在镇江和苏州，但是，常州和苏州拥有保护级别的遗产点多于镇江和无锡（表 6-19、图 6-9）。

表 6-19　大运河苏南段文化遗产文物保护级别统计

文保级别城市	镇江	常州	无锡	苏州	总计
国家级	3	—	—	4	7
省级	1	13	8	9	31
市县级	11	30	14	21	76
非文保单位或不详	33	18	21	33	105
合计	48	61	43	67	219

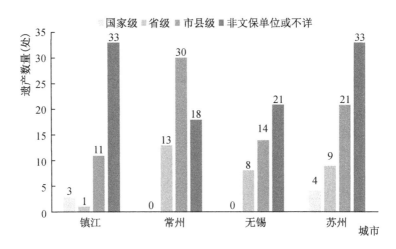

图 6-9　中国大运河苏南段文化遗产文物保护级别统计

(3) 时代分布特征

大运河苏南段文化遗产遗存年代久远,219 处物质文化遗产点的建造年代覆盖史前至近现代。

本文依据考古学时代分期,统计不同时间段的遗产点数量。其中,元—清时期的遗产点最多,清代遗存有 61 处,明代次之,有 54 处,元代较少,有 9 处;其次为隋—宋时期,有 42 处遗产点;近现代有 18 处,多为民国时期近现代史迹及建筑;史前—商周时期由于年代相隔太远,遗存较少,且多为已无原物可考的遗址(表 6-20、图 6-10)。

表 6-20　中国大运河苏南段文化遗产资源年代统计

	史前—商周	秦汉—南北朝	隋—宋	元—清	近现代	总计
遗产数量(处)	10	25	42	124	18	219

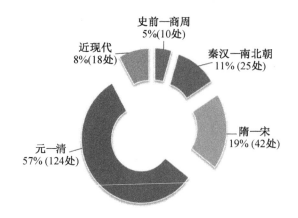

图 6-10　中国大运河苏南段文化遗产资源时代分布统计

（4）空间分布特征

大运河苏南段遗产遗存范围广泛（图 6-11、图 6-12）。272 处文化遗产（包括非物质文化遗产）中，苏州的遗产总量最多，有 92 处，镇江 55 处，常州 73 处，无锡 52 处。

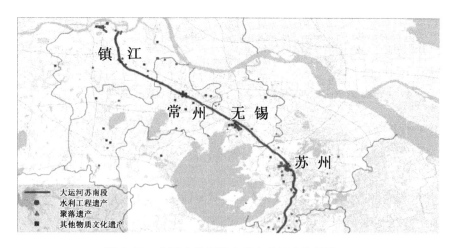

图 6-11　中国大运河苏南段文化遗产资源分布

① 水利工程遗产

苏州的水利工程遗产和非物质文化遗产数量均为最多，其中，水利工程遗产中桥梁遗产达 36 处，为苏南四座城市中桥梁遗产之最。镇江水利工程遗产次之，主要是堤坝、闸等有着防洪、限流、调节作用的大型构筑物。这是因为，一方面，镇江位于大运河和长江的交汇处，拥有独特的入江口遗存 5 处；另一方面，镇

图 6-12 中国大运河苏南段遗产资源分布示意图

江段地势较高,存在水源问题,需要建堰闸以控制调节水流、建造人工湖塘以蓄水防洪以及开凿河道引长江水流来满足航运需求,如今,镇江现存各类堤坝 3 处,闸 5 处,还有唯一的补给水源水体遗存练湖;此外,镇江历来是大运河重要的水运枢纽,是江南漕运枢纽大港和粮食仓储中心,至今留有漕运粮仓遗址。

大运河苏南段总体遗产资源多聚集于镇江京口闸——老西门桥段、老西门桥——青年广场段,常州明长城——东坡公园段,无锡吴桥——跨塘桥(西护城河)段,苏州山塘河段、上塘河段、护城河段等市中心老城区内(图 6-13、图 6-14)。

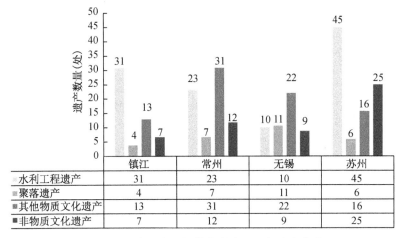

	镇江	常州	无锡	苏州
水利工程遗产	31	23	10	45
聚落遗产	4	7	11	6
其他物质文化遗产	13	31	22	16
非物质文化遗产	7	12	9	25

图 6-13 中国大运河苏南段水利工程遗产分布

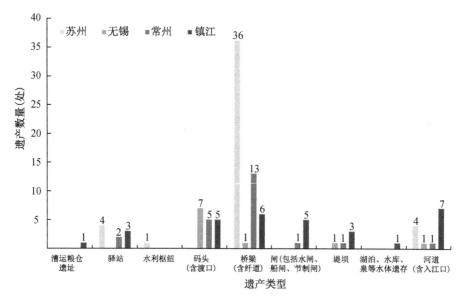

图6-14 中国大运河苏南段水利工程遗产空间分布统计

② 聚落遗产

运河聚落遗产中,各市分布数量和类型差距不大,运河历史地段和运河古村在无锡分布较多。四个城市均分布有运河历史街区,而运河古村只有苏州和无锡有,运河古城只有常州和镇江有(图6-15、图6-16)。

图6-15 中国大运河苏南段聚落遗产分布

第六章 大运河苏南段遗产资源现状调研与统计

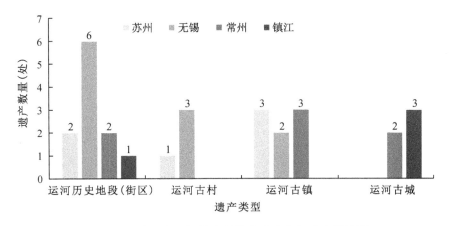

图 6-16 中国大运河苏南段聚落遗产空间分布统计图

③ 其他物质文化遗产

其他物质文化遗产中,古建筑遗产最多,且较多地分布于无锡和常州;古墓葬遗产在常州较多;运河相关古遗址、石窟寺及石刻和近现代重要史迹及代表性建筑三类遗产在各市都遗存较少(图 6-17、图 6-18)。

图 6-17 中国大运河苏南段其他物质文化遗产分布

(5) 遗产资源总体特征

在从遗产类型构成、保护级别构成、时代分布特征、空间分布特征四个方面对苏南段大运河进行数据分析后,结合现场调研,总结大运河苏南段文化遗产的资源特点如下:

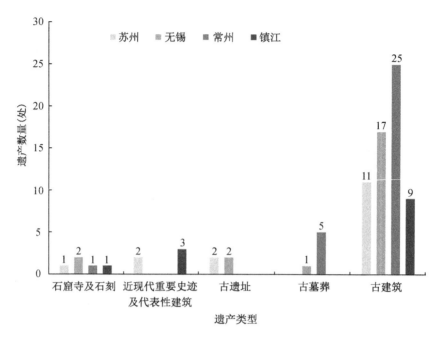

图 6-18 中国大运河苏南段其他物质文化遗产空间分布统计

① 整体遗产类型以水利工程遗产为主。水利工程遗产是与大运河功能最为直接相关的遗产类型,其在所有遗产类型中占比最高。

② 水利工程遗产中桥梁(含纤道)类遗产数量最多,超过水利工程遗产总数的一半;湖泊/水库/泉等水体遗存、水利枢纽及漕运粮仓遗址三类水利工程遗产最少,仅各有一处遗产点。

③ 其他物质文化遗产中,古建筑类遗产的数量明显高于其他遗产类型数量,占所有其他物质文化遗产总数的七成左右。

④ 明清时期遗存较多,史前—商周时期年代相隔较远,遗存较少,多为已无原物可考的遗址。

⑤ 文化遗产主要分布在各市老城区内。苏州遗产总量最多,其水利工程遗产和非物质文化遗产数量最多,且多为桥梁类遗存,这反映出运河与苏州城市生活的融合度颇高,体现了运河对苏州人民生活的浸润与滋养;常州和无锡两座城市的其他物质文化遗产较多;无锡的码头及渡口类遗产遗存较多;镇江因其地处特殊的江河交汇枢纽之地,所以拥有较多的水利工程遗产。

参考文献：

[1] 陆维让,江苏省交通厅航道局.京杭运河志(苏南段)[M].北京:人民交通出版社,2009.

[2] 毛锋.京杭大运河历史与复兴[M].北京:电子工业出版社,2014.

[3] (西汉)司马迁.史记[M].北京:中华书局,2008.

[4] (东汉)袁康.越绝书[M].长春:时代文艺出版社,2009.

[5] 大运河遗产保护规划第一阶段编制要求[R].中国文化遗产研究院,国家文物局,2008.

[6] 中国大运河江苏段遗产保护规划2011—2030[R].东南大学建筑设计研究院,中国水利水电科学研究院水利史研究所,2011.

[7] 大运河遗产(镇江段)保护规划[R].镇江市文化局,镇江市政府,2009.

[8] 大运河遗产(常州段)保护规划[R].常州市政府,2011.

[9] 大运河遗产(无锡段)保护规划[R].无锡市政府,2012.

[10] 大运河遗产(苏州段)保护规划[R].苏州市政府,2009.

[11] 江苏省地方志编纂委员会.江苏省志·水利志[M].南京:江苏凤凰教育出版社,2017.

[12] 镇江市地方志编纂委员.镇江市志[M].北京:方志出版社,2014.

[13] 镇江市水利志编辑委员会.镇江市水利志[M].上海:上海社会科学院出版社,1997.

[14] 常州市地方志编纂委员会.常州市志[M].北京:中国社会科学出版社,1995.

[15] 常州市水利局.常州水利志[M].南京:河海大学出版社,2001.

[16] 无锡市地方志编纂委员会.无锡市志[M].南京:江苏人民出版社,1995.

[17] 无锡市水利局.无锡水利志[M].北京:中国水利水电出版社,2006.

[18] 苏州市地方志编纂委员会.苏州市志[M].南京:江苏凤凰科学技术出版社,2014.

[19] 苏州市水利史志编纂委员会.苏州水利志[M].上海:上海社会科学院出版社,2003.

[20] GB 3838—2002 地表水环境质量标准[S].国家环境保护总局,2002.

[21] 江苏省生态环境状况公报(2018)[R].江苏省生态环境厅,2019.

[22] 镇江市环境状况公报(2017)[R].镇江市生态环境局,2018.

[23] 常州市环境状况公报(2017)[R].常州市环境保护局,2018.

[24] 无锡市环境状况公报(2017)[R].无锡市环境保护局,2018.

[25] 苏州市环境状况公报(2017)[R].苏州市环境保护局,2018.

第七章
历史脉络视角的大运河苏南段遗产价值评价实例研究

基于前期对大运河苏南段遗产资源现状的调研，大运河苏南段遗产包含219处物质文化遗产单体，分布于苏州、镇江、常州、无锡四个城市，其中水利工程遗产109处，聚落遗产28处，其他物质文化遗产82处。

7.1 大运河苏南段文化遗产历史脉络归属研判

根据前文历史脉络评价体系中的一级指标"历史脉络评价"，对219处遗产资源进行历史脉络的信息整理，设计出遗产资源与历史脉络的关联信息及重要度评价表（表7-1）。

表7-1 遗产资源与历史脉络关联的信息及重要度评价

编号	遗产名称	与之有关的历史脉络	与脉络关联的具体信息	体现脉络重要性的形式/功能	脉络主题相关度	脉络年代相关度	脉络位置相关度	与脉络相关性总分
1	无锡城区运河故道	脉络1、2	河道本体，凿于春秋	航运	80	90	80	250
2	苏州环城河	脉络1、2	河道本体，凿于春秋	航运	80	90	80	250
…	……	……	……	……	…	…	…	…

而后邀请相关专家通过计分的方式对每个遗产资源的脉络主题相关度、脉络年代相关度和脉络位置相关度分别计算相关性分值，对遗产资源进行筛查。三项指标满分各为100，三项得分相加计得总分（满分为300）。具体计分标准见

表 7-2。其中位置相关度标准划分参考依据为《中国大运河江苏段遗产保护规划》中所规定的"规划范围包括构成江苏省大运河遗产的四大河段及其两岸 500～2 000 米不等的范围"。

表 7-2 与脉络相关性计分标准

项目	记分等级				
	100～80	80～60	60～40	40～20	20～0
脉络年代相关度	三国及以前	魏晋南北朝	隋唐	宋元明清	清之后
脉络位置相关度	距运河主体500 米内	距运河主体500～1 000 米	距运河主体1 000～1 500 米	距运河主体1 500～2 000 米	距运河主体2 000 米外
脉络主题相关度	非常相关	比较相关	一般相关	稍微相关	不相关

最后，根据每个遗产资源"与脉络相关性分值"得出遗产资源与历史脉络相关性的量化数值，并按此分值降序排序。

7.2 各脉络下遗产价值评价计分

经过历史脉络归属认定后，各遗产资源已经明确其所属历史脉络及相关信息，同时主题相关度、年代久远度和距大运河位置远近度 3 项指标分值即已得出，进一步将遗产资源置入相应的脉络评价体系进行量化计分。其中二级指标中的"遗存现状"及其细化指标——真实性和完整性 2 项指标分值参照第六章遗产资源现状评价的结果，剩余的 11 项指标，同样是邀请 10 位专家为 219 处遗产进行赋值，每项指标的均值为最终得分，各指标评分标准参见表 7-3，最后整理得到大运河苏南段各项遗产资源的每项指标分值。

表 7-3 遗存价值记分参照

项目	记分等级				
	100～80	80～60	60～40	40～20	20～0
脉络1同类遗产中稀缺性	很高	较高	一般	较低	很低
脉络1工程技术及运营水平	很高	较高	一般	较低	很低
脉络1群众认可度	很高	较高	一般	较低	很低
脉络1环境协调度	很高	较高	一般	较低	很低

(续表)

项目	记分等级				
	100~80	80~60	60~40	40~20	20~0
脉络1遗产保护级别	世界文化遗产	全国重点文物保护	江苏省文物保护单位	市、县级文物保护单位	无保护级别
脉络2同类遗产中稀缺性	很高	较高	一般	较低	很低
脉络2工艺水平及规划技术	很高	较高	一般	较低	很低
脉络2整体景观特色	特色突出	特色较明显	特色一般	特色较低	无特色
脉络2建筑及装饰特色	特色突出	特色较明显	特色一般	特色较低	无特色
脉络2群众认可度	很高	较高	一般	较低	很低
脉络2遗产保护级别	世界文化遗产	全国重点文物保护	江苏省文物保护单位	市、县级文物保护单位	无保护级别

7.3 大运河苏南段文化遗产价值评价结果

得到遗产资源的各项分值后,将分值乘以权重,并采用菲什拜因—罗森伯格数字模型计算得到遗产资源价值评价综合得分,理论计算公式如下:

$$M = \sum_{i=1} P_i H_i$$

式中,M 为遗产资源综合评价值;P_i 为第 i 个评价指标的评价分值;H_i 为第 i 个评价指标的权重;i 为评价指标的数目。

7.4 大运河苏南段遗产资源价值评价结果分析

7.4.1 遗产资源综合分值分析

根据大运河苏南段文化遗产资源价值评价结果,将遗产资源及分值做曲线分布图(图7-1)。

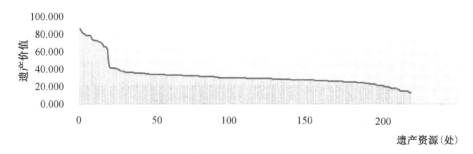

图 7-1　中国大运河苏南段文化遗产评价分值曲线

从综合得分情况看,在满分 100 分的情况下,大部分遗产资源的综合价值得分集中于 10~45 分之间,少数遗产资源得分高于 60 分。这主要是由于引进了"历史脉络"的概念,评价体系中历史脉络是一级评价指标,而当遗产资源单纯隶属于某一项历史脉络时,其在所属脉络中进行评价之后要乘以脉络权重,因而拉低了总分值,而得分在 60 分以上的遗产资源全部同时隶属两条脉络,各脉络分值可叠加计算,因而分值较高。这也体现了基于"历史脉络"的遗产资源价值评价的特殊性,当某一项遗产资源同时与两条历史脉络相关时,其遗产价值必然高于只与一条历史脉络关联的遗产资源。

进一步依据综合得分情况,将大运河苏南段文化遗产按照其遗产价值高低分为三个等级。

第一等级分值在 60 分以上,共计 19 处,主要是与大运河关系密切,总体规划及工艺技术水平较高,在同类遗产中稀缺性高,保存相对完整且保护级别多为世界级、国家级的河道本体、古镇、历史文化街区及一些桥梁等。如苏州宝带桥、无锡城区运河故道、镇江西津渡古街、无锡伯渎港等(图 7-2)。

第二等级分值在 30 到 60 分之间,共计 89 处,是工程水平较高、整体景观特色、建筑及装饰特色都比较鲜明的遗产资源。但相比第一等级,其稀缺度和与脉络的相关性稍逊一筹。主要包括古建筑、码头、驿站、桥梁等。如常州天宁寺、苏州横塘驿站、镇江开泰桥、无锡张中丞庙等(图 7-3)。

第三等级分值在 30 分以下,共计 111 处,多是保存较差、只有一些遗存价值,年代较晚,且与大运河联系度弱的古墓葬、遗址、古村,如常州段玉裁墓、无锡周氏春晖堂、苏州太和面粉厂旧址等(图 7-4)。

无锡伯渎港

无锡城区运河故道

苏州宝带桥

镇江西津渡古街

图 7-2　遗产价值为第一等级的部分遗产资源

常州天宁寺

镇江开泰桥

苏州横塘驿站

无锡张中丞庙

图 7-3　遗产价值为第二等级的部分遗产资源

常州段玉裁墓

无锡周氏春晖堂

苏州太和面粉厂旧址

图 7-4　遗产价值为第三等级的部分遗产资源

7.4.2 遗产资源分布城市分析

根据遗产价值得分进一步对四大苏南城市的运河遗产资源分布特征进行分析(图 7-5),可以看出,一级遗产点在各城市都有分布,其中苏州有 7 处,占一级遗产点总量的 37%,明显高于其他城市;常州最少,只有 2 处,占 11%;无锡与镇江均 4 处,各占 26%。二级遗产点中苏州和常州占较大优势,遗产点都为 32 处,各占总量的 36%,无锡和镇江则明显较少,只分别占 11% 和 17%。三级遗产点中四个城市分布均匀,无锡最多,占 26%,苏州和常州同为最少,占 24%。总体来看,苏州和常州遗产点相较无锡和镇江明显更多,且遗产资源多是一、二等级,其中苏州第一等级的遗产数远超常州,这间接说明了苏州城市由于地理、历史等因素,其城市渊源与大运河的直接联系较深厚,关联度是苏南四个城市中最高的,留下的文化遗产无论是数量还是遗产价值都远高于其他三个城市。而无锡和镇江一等级遗产数量较少的同时三等级遗产占比较高。

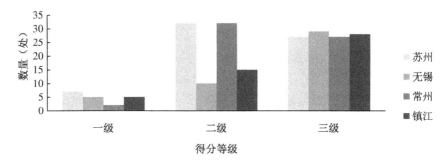

图 7-5 苏南各城市运河遗产资源分布

7.4.3 遗产资源分布年代分析

根据遗产资源的价值评分及年代属性对遗产资源的年代分布进行分析(图 7-6)可知,绝大部分的运河遗产资源为宋元明清时期的遗留,且在二、三等级的遗产中数量最多。宋元明清时期的遗产在一、二、三等级的总遗产中分别占比 21%、66% 和 74%。这一方面与隋炀帝公元 610 年重新疏凿和拓宽长江以南运河古道,促使运河周边地区在宋元明清愈加发展繁荣有关;另一方面这一时期的大多数遗产资源保存状况比早期的运河遗产要更好。魏晋及以前的遗产资源虽凤毛麟角,但大多为一、二等级。魏晋南北朝遗产中仅一个为一级,在二级中分布较多。清之后的遗产占遗产总数的 13%,没有得分在第一等级,大多分布在第三等级。隋唐时期的遗产中得分在一级的 5 处、二级有 12 处、三级 4 处,一等级中数量仅次于三国及以前,价值是各时期中相对较高的。

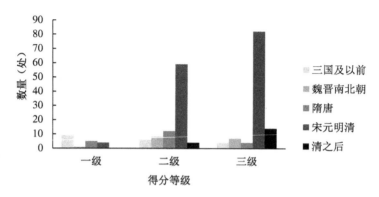

图 7-6 各级遗产点年代分布

7.4.4 遗产资源类型分析

将遗产资源类型与数量进行柱状图分析(图 7-7)可知,水利工程遗产的数量最多,其中一级资源也最多。这主要是由于大运河水利工程建设脉络为大运河发展中的核心脉络,权重 0.555,而水利工程遗产大多归于这一脉络,因而这一遗产类型的价值总分普遍较高。这一遗产类型中的遗产价值较高的河道、渡口等,无论主题、位置还是年代都与运河关系最为紧密,而部分桥梁因其自身的

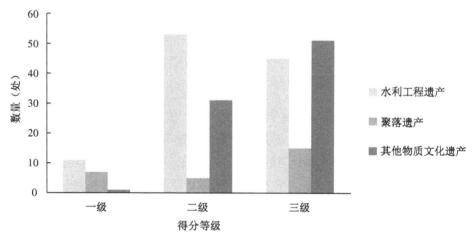

图 7-7 各级遗产点类型

工程技术及艺术价值颇高,也被列入第一等级。其他驿站、纤道、粮仓遗址等,因保存完整度、技术水平、稀有度等原因大多分布在二、三等级。

聚落遗产和其他物质文化遗产多归于大运河建设所带来的衍生影响脉络下进行评价。其中聚落遗产主要有古城、古镇、古村、运河历史地区,有些古镇和历史地区的遗产单体数量多,保护等级高,整体受重视程度高,加之政府适当的更新利用、开发推广,群众知名度高,如苏州平江历史文化街区、无锡荡口古镇、常州青果巷历史街区等。其他物质文化遗产中,得分高的以古建筑居多,如镇江金山寺、常州红梅阁。古墓葬、古遗址利用和保护一般,而单体的石刻、碑亭等多分布零散,除一些自身价值较为显著或处于历史文化保护区的,其余保护利用现状颇令人担忧。

第八章
总　结

中国大运河涵盖高度密集的遗产资源,保护工作程序的基础内容影响着后续保护、管理、展示及利用的每一个环节。本研究尝试对遗产价值评价的方法学进行探索,建立基于历史脉络的大运河文化遗产价值评价体系,并以大运河苏南段为例进行了实证分析,主要结论如下:

(1) 目前,我国大运河保护规划没有完整的价值评估程序,各地方编制的《大运河保护规划编制纲要》对大运河的价值停留在整体性定性描述,尚缺乏统一的量化评估,因而在大运河遗产保护的过程中缺乏有针对遗产价值的保护。本研究借鉴国外针对大型区域遗产保护的方式方法,参考美国 NPS 处理遗产事务的做法,提出了基于历史脉络的中国大运河文化遗产价值评价体系的研究方法,力求在界定运河遗产类型和认知遗产价值时具备整体性眼光,在建立价值体系及价值评价的过程中采用包容性策略。

(2) 在中华文明结构的大框架下,梳理大运河的发展及演变的主要脉络,即大运河水利工程建设、大运河建设所带来的衍生影响。由此归纳引出五种大运河遗产类型,即水利工程遗产、聚落遗产、生态与景观环境遗产、其他物质遗产和非物质文化遗产。在此基础上,征询相关专家咨询团的意见,运用德尔菲法、层次分析法逐步确定评价指标体系,具体为三级指标体系,其中,一级指标为两条脉络;二级指标为各脉络下与脉络相关性、遗存现状、遗存价值三个指标;三级指标为在二级指标的基础上依据脉络特性指向的 21 个指标。最后在指标体系的基础上计算权重,形成基于历史脉络的大运河文化遗产价值评价体系。

(3) 基于已经构建的大运河文化遗产价值评价体系,以运河苏南段为例进行实证研究。首先,通过调研及资料搜集,对大运河苏南段 219 处遗产资源的现状、历史信息进行归纳整理,根据构建的价值评价体系的方法与步骤进行评价,并依据评价结果进行相应的分析。总体得出苏州段运河文化遗产质量与数量双高，宋元明清时期的遗产资源占绝大部分，水利工程遗产的数量远超于其他两项，相比之下也包含更多价值高的文化遗产等结论。

　　由于作者本人及团队的专业知识偏重风景园林专业，研究方向为风景园林视角的文化景观的遗产保护，虽一直试图探寻文化景观与风景园林碰撞的火花，但囿于个人学识及认知的局限性，本研究——基于历史脉络的大运河文化遗产的价值评价体系研究，成果仅为抛砖引玉，疏漏及错误之处在所难免，还望学界各位同仁批评指正，不胜感激！

附录1
大运河物质文化遗产价值评价体系问卷(第一轮)

尊敬的男士/女士：

您好！本调查是为建立基于历史脉络的大运河物质文化遗产价值评价体系而对评价指标进行的选取调查。请您从学术、科研、工作或生活等考虑出发，对评价指标的确立进行评判。我们希望通过您对大运河物质文化遗产评价中各项指标的判断，为大运河物质文化遗产评价体系的最终确立提供指导和依据。

问卷的问题与选择方式：

请在您认为符合要求的指标对应单元格中填入"√"或"×"。

请在您填入"√"一栏的指标权重部分填入数值，每一级别各指标总分为100。

作为科学研究信息的一部分，也请附上您的个人相关信息。

姓名		研究/工作/生活领域	
工作单位			
联系方式(电话或邮箱)			

再次感谢您的支持与合作！

"大运河水利工程建设"脉络下物质文化遗产评价体系

	价值评价指标	"√"或"×"	指标权重		您的意见
一级指标	与脉络相关性	√	30	100	注意区分脉络中重要度与遗存价值具体指标
	遗存现状	√	30		
	遗存价值	√	40		

附录 1
大运河物质文化遗产价值评价体系问卷(第一轮)

(续表)

	价值评价指标		"√"或"×"	指标权重		您的意见
二级指标	与脉络相关性	脉络主题相关度	√	60	100	意义不清,应强调与大运河相关;脉络位置非必要相关
		脉络年代相关度	√	40		
		脉络位置相关度	×	—		
	遗存现状	原真性	√	50	100	原真性说法不准确,应改为真实性;延展性不属于遗存现状
		完整性	√	50		
		延展性	×	—		
	遗存价值	科技代表度	√	30	100	历史信息携带量过于宽泛,难以定量;情感归属价值为遗产基本属性,不具代表性
		历史信息携带量	×	—		
		环境协调度	√	20		
		情感归属价值	×	—		
		规划设计材料工艺的水平	√	20		
		遗产保护级别	√	30		

"大运河建设所带来的衍生影响"脉络下物质文化遗产评价体系

	价值评价指标		"√"或"×"	指标权重		您的意见
一级指标	与脉络相关性		√	20	100	
	遗存现状		√	40		
	遗存价值		√	40		
二级指标	与脉络相关性	脉络主题相关度	√	60	100	明确年代相关度标准,如久远度;脉络位置非必要相关
		脉络年代相关度	√	40		
		脉络位置相关度	×	—		
	遗存现状	原真性	√	50	100	
		完整性	√	50		
		延展性	×	—		
	遗存价值	代表当时期工程的特点	√	30	100	代表当时期工程特点较为苛刻,可突出同类遗产中稀缺性;规划设计材料工艺适当合并;除整体外还应有建筑装饰的特色
		历史信息携带量	×	—		
		整体景观特色	√	30		

(续表)

价值评价指标		"√"或"×"	指标权重	您的意见
	情感归属价值	×	—	
	规划设计材料工艺的水平	√	20	
	遗产保护级别	√	20	

附录2
大运河物质文化遗产价值评价体系问卷(第二轮)

尊敬的男士/女士:

您好!本调查是为建立基于历史脉络的大运河物质文化遗产价值评价体系而对评价指标进行的选取调查。请您从学术、科研、工作或生活等考虑出发,对评价指标的确立进行评判。我们希望通过您对大运河物质文化遗产评价中各项指标的判断,为大运河物质文化遗产评价体系的最终确立提供指导和依据。

第二轮问卷是在第一轮问卷回收统计的基础上修改形成。在回收统计第一轮问卷的过程中,我们发现大家对一些评价指标有着不同的意见,为我们提出了中肯的建议。因此基于第一轮问卷结果的统计整理研发出第二轮问卷,希望能再次征得各位同胞宝贵的意见,也感谢各位对我们研究的大力支持。

问卷的问题与选择方式:

请在您认为符合要求的指标对应单元格中填入"√"或"×"。

请在您填入"√"一栏的指标权重部分填入数值,每一级别各指标总分为100。

作为科学研究信息的一部分,也请附上您的个人相关信息。

姓名		研究/工作/生活领域	
工作单位			
联系方式(电话或邮箱)			

"大运河水利工程建设"脉络下物质文化遗产评价体系

	价值评价指标		"√"或"×"	指标权重		上轮意见总结	您的补充意见
一级指标	与脉络相关性		√	30	100	注意区分脉络中重要度与遗存价值具体指标	
	遗存现状		√	30			
	遗存价值		√	40			
二级指标	与脉络相关性	主题相关度	√	50	100	意义不清,应强调与大运河相关脉络位置非必相关	细化,指明如何相关
		年代久远度	√	30			
		距大运河位置远近度	√	20			
	遗存现状	真实性	√	50	100		指代不清,应按照《中国文物古迹保护准则》进行
		完整性	√	50			
	遗存价值	同类遗产中稀缺性	√	20	100	情感归属价值为遗产基本属性,不具代表性	知名度为认可度衍生物,可删除
		环境协调度	√	20			
		群众认可度及知名度	√	30			
		工程技术及运营水平	√	10			
		遗产保护级别	√	20			

"大运河建设所带来的衍生影响"脉络下物质文化遗产评价体系

	价值评价指标		"√"或"×"	指标权重		上轮意见总结	您的补充意见
一级指标	与脉络相关性		√	20	100		注意区分脉络中重要度与遗存价值具体指标
	遗存现状		√	40			
	遗存价值		√	40			
二级指标	与脉络相关性	主题相关度	√	50	100	明确年代相关度标准,如久远度;脉络位置非必要相关	细化,指明如何相关
		年代久远度	√	30			
		距大运河位置远近度	√	20			

附录2
大运河物质文化遗产价值评价体系问卷(第二轮)

(续表)

价值评价指标		"√"或"×"	指标权重		上轮意见总结	您的补充意见
遗存现状	真实性	√	50	100		指代不清,应按照《中国文物古迹保护准则》进行
	完整性	√	50			
遗存价值	同类遗产中稀缺性	√	20	100	代表当时期工程特点较为苛刻,可突出同类遗产中稀缺性;规划设计材料工艺适当合并	知名度为认可度衍生物,可删除
	建筑及装饰特色	√	10			
	整体景观特色	√	10			
	群众认可度及知名度	√	20			
	工艺水平及规划技术	√	10			
	遗产保护级别	√	30			

后 记

在本书即将付梓之际，回首与大运河产生交集的这段旅程，内心充满感动与震撼。大运河真是一条历史的长河，它承载着中华文明历史的变迁，述说着华夏大地的沧桑巨变。每次实地调研和考察都仿佛时光穿梭而得以回望历史，敬畏之心油然而生。

做研究的过程是辛苦的，我们曾经顶着烈日徒步大运河畔，看它的汹涌，也看它的平静，看它的清远，也看它的烟火气；我们一处一处去找寻历史的遗留，触摸它的当下，也感受它的过去；我们溯源历史的长河，扎进繁多的遗产清单中，努力寻找线索，理清脉络；我们沉浸在浩瀚的文献中，学习借鉴，探索求知……

感谢毕业于南京林业大学的陈妍、冯越、何芳媛、李维、郑加敏、史建宁等同学，是你们的信任，让我有机会做你们的毕业设计指导老师。感谢你们参与到本课题的研究工作中，你们在基础调研及资料搜集与整理过程中付出了巨大的热情、细心与耐心，每每想起其中经历都让我感动至深，也时常怀念那段辛苦且获益良多的时光。正是你们的信任、陪伴与共同努力使得本书得以顺利完成。

感谢我的导师王浩校长，是他的深邃智慧与求真求实的治学态度为我在学术的道路上点亮明灯；感谢我的博士后导师唐晓岚教授，她孜孜不倦与勇敢探索的精神时刻感染并激励着我；感谢所有接受走访和问卷调研的运河工作人员、学者及许多陌生人，你们的支持和帮助使我们的研究得以顺利进行。

感谢我的先生和孩子，人生旅途有你们相伴，是我的万幸；感谢我的父母，你们的爱是我人生的信仰。

无法在这短短的文字里对所有帮助我的人表达感激之情，感恩所有！

王燕燕

2022.11